文士たちのアメリカ留学

一九五三〜一九六三

斎藤禎
Tadashi Saito

書籍工房早山

文士たちのアメリカ留学
一九五三〜一九六三

目次

「文化人」に会ってもつまらぬが、T・S・エリオットは別である／
福田の「平和論にたいする疑問」に、反発の嵐／
日本はアメリカの世話女房たれ／
「文化人」とは、古代ギリシャの巫女の如くである／
平和論者への六つの疑問／
福田はいう。「私たちが西洋という時、それはアメリカを指すのではないのか」

第十章　**改めて考える。ロックフェラー財団による文士のアメリカ留学とは何だったのか**

文士たちは、「向上」しようと願っていたのだろうか／
冷戦下、アメリカ留学が持った意味とは／
では、江藤淳自身は、ロックフェラー財団招待による留学をどう認識していたのか／
帰国後、江藤はどう変わったか？／
日米関係における〝顕教〟と〝密教〟／
「明治の一知識人」と『南洲残影』／
村田新八と大久保利通と岩倉使節団／
「忘れ得ぬ他者」としてのアメリカ／

装幀　　坂田政則

第一章

文士にとって留学は、夢のまた夢

†「アメリカに利用されるだけ」との揶揄に、福田恆存は反論した

日本の占領時代が終わったのは、昭和二十七年（一九五二）四月二十八日のことだった。この日、サンフランシスコ講和条約が発効した。

「独立」を遂げた翌年、昭和二十八年九月に福田恆存が、そして翌月の十月には大岡昇平が、ロックフェラー財団の奨学資金を受けて、アメリカに旅立った。

福田四十一歳、大岡四十四歳の時だった。

朝鮮戦争は休戦協定が結ばれていたが、東西冷戦が激しさをましていた。全面講和を唱えていた左翼、革新勢力からは、アメリカの財団の丸抱えで留学することに、「アメリカに利用されるばかりだ」と揶揄する声があがった。

福田は、当時のことをこう書く。

〈私が渡米した直後、共産黨の小田切秀雄さんが、福田はアメリカを利用しようとおもつてゐるが、逆に利用されるのが落ちだらうといふ意味のことを書いてゐた。それをニュー・ヨークのアパート

で讀んだ私は、同氏、およびその仲間の世界感覚のずれを感じた。（略）私はロックフェラー財團の金で外國旅行に出かけたが、そもそも利用しようなどといふ考へは毛頭なかつた。アメリカにいつて、いいところがあればいいといひ、わるいところはわるいといふだけの話だ。金をもらつたこととはなんの關係もない。そこは特定政黨から金をもらつたばあひとよほどちがふ。小田切さんの悪口は、共産黨乃至は進歩主義者一般の上にふりかかつてくる。戰後、アメリカを利用して日本の民主化をもくろみ、現在それがどうにもならず、アメリカに利用されかかつてゐるといへよう。結果論でいへば、あらゆるものがあらゆるものに利用される。それを恐れてゐたら身うごきできない。そんな小児病にとらはれてゐるから、すべてが陰にこもる。〉（福田恆存「ふたたび平和論者に送る」『中央公論』昭和三十年二月号）

大岡昇平は、次のようにいった。

〈「日本の戦後文学の中で『俘虜記』はアメリカ人が公平に描けてるから、これはいい日本人だというんで、アメリカのロックフェラー財団から招きがきたんだよ。」〉（大岡昇平　埴谷雄高『二つの同時代史』）

†大岡昇平の自虐発言。「アメリカに命を助けてもらって、そのアメリカに呼んでもらって……」

大岡の発言は、自作『俘虜記』のことが絡んでいるため、皮肉っぽくもまた、韜晦していく。

〈「おれたち（大岡と福田・註）は一年の半分はアメリカにいて、半分はヨーロッパへということでがんばった、これはずいぶんもめたんだよ。アメリカの金で旅行する以上、アメリカで金を使え、というもっともな理屈だけれども、こっちはヨーロッパ党だし、ロックフェラーが税金対策にやっていると見抜いているから、外貨使わしてやったんだ。（略）

まあずいぶんロックフェラーの世話になったよ。（フィリピン・ミンドロ島で・註）アメリカに命を助けてもらって、そのアメリカに呼んでもらって、勝手に注文つけて（エドガー・アラン・）ポーの住んでいた南部のヴァージニアから、フランスまでいかせてもらったんだから。」〉（同）

大岡は、テキサス州を旅行中、列車の食堂で、「赤毛、赤髭、赤ら顔、四角な顎、太い眉」という大男の「絵に描いたようなテキサシャン」に会う。

アメリカ人と初対面の場合、大岡は、「アイム・トラベリング・アンダー・ロックフェラー」とロックフェラーの名を利用するのを常としていた。由緒のある旅行をしている者だということを相手にまず飲み込んでもらわないと、まずいような気がしていたからだった。

すると、

〈テキサシャンは首を振って、「わたしにはわからない」といった。「日本人はけものみたいな奴だと散々いわれて来た。我々は戦争していた。息子を一人太平洋で死なせた。ところがいまはその日本人に金を出して、アメリカに呼ぶ人間がいる。わからない」〉（大岡昇平『ザルツブルクの小枝　アメリカ・ヨーロッパ紀行』）

ロックフェラー財団が税金対策だったかどうかはともかく、ロックフェラー財団は、福田、大岡を嚆矢として、十人の文士たちを「創作フェローシップ」の名のもとにアメリカに招待した。

この文化交流計画については、梅森直之氏（早稲田大学教授）の「ロックフェラー財団と文学者たち――冷戦下における日米文化交流の諸相」や、韓国で日本の近現代文学を研究する金志映氏の「ポスト講和期の日米文化交流と文学空間――ロックフェラー財団創作フェローシップ（Creative Fellowship）を視座に」などの発表がある。

ロックフェラー財団は豊富な資金を持つ巨大な組織である。

同財団の援助による日本人の海外留学全体に較べれば、文士のアメリカ留学は、その全体図のごく一部を描くにとどまるものかもしれない。

文士の文化交流に直接触れることはないが、ロックフェラー財団が、アメリカ政府と協力してそのソフト・パワー戦略（日本を思想的文化的な面から共産主義に対する〝防波堤〟にすること）に如何に貢献したかについては、松田武氏（大阪大学名誉教授）の『対米依存の起源　アメリカのソフト・パワー戦略』という研究がある。

ロックフェラー財団アーカイブセンターで仔細な調査を試みた金氏によれば、実際にアメリカに留学することとなった福田、大岡など十人の文士を決定する前に、財団関係者は多くの文士たちと面談を重ねていた。

候補者選びの対象となったのは、木下順二、伊藤整、井上靖、吉田健一、竹山道雄、三好十郎、三島由紀夫、草野心平、寺田透、服部達、福田定良、中村真一郎、飯沢匡、大江健三郎、曽野綾子、佐古純一郎、佐伯彰一、村松剛、幸田文、十和田操ら多方面からの人材であった。

金氏の調査では、「こうした作家たちは、さまざまな理由から助成を見送られたり、あるいは逆に文学者の側から財団の提案を辞退したことが確認された」とある。「六〇年安保」以降いっそう反米的姿勢を強めていった大江氏が、もしこの時、ロックフェラー財団留学生として一年間アメリカに行っていたとすれば、親米反米云々はもちろん、後の氏の処し方や考え方にどんな影響をもたらしただろうか。

興味深いところではある。

福田、大岡のほか、結局、石井桃子（昭和二十九年、渡米時四十七歳）、中村光夫（昭和三十年、同四十四歳）、阿川弘之（昭和三十年、同三十四歳）、小島信夫（昭和三十二年、同四十二歳）、庄野潤三（昭

和三十二年、同三十六歳）、有吉佐和子（昭和三十四年、同二十八歳）、安岡章太郎（昭和三十五年、同四十歳）、江藤淳（昭和三十七年、同二十九歳）の八人、合わせて十人の文士たちがロックフェラー財団から、江藤、中村を除いて、一年間の生活費を支給されアメリカ（とヨーロッパ）で留学生活を送った。

江藤は、プリンストン大学での勉強ぶりが認められ、渡米二年目（昭和三十八年）は、同大学東洋学科の教員（有給）として採用された。

中村の場合は、すでにユネスコ招待研究員として昭和二十九年（一九五四）にヨーロッパに滞在しており、そこからロックフェラー財団留学生として昭和三十年六月、ニューヨークに移った。しかし、夫人の病重篤との知らせを受け、急遽帰国し、在米体験はひと月に終った。（『筑摩現代文学大系』76「中村光夫　唐木順三、吉田健一集」の「中村光夫年譜」による。同年、夫人は亡くなる）。

芥川比呂志は、金論文によれば、ロックフェラー財団による留学が決定していたが、結核が完治せず渡米を断念するにいたっている。

†江藤淳「私は、ずっと六〇年安保と米国での体験ばかりを考えつづけてきた」

十人のロックフェラーの留学生のなかでは、有吉佐和子と江藤淳が二十代であり、ひときわ若い。有吉は、渡米前に曽野綾子氏らとともにいわゆる〝才女〟作家として名を馳せていたが、帰国後、ある決心を固める。

〈一年後、日本に帰ったとき、しかし驚くべきことだが私は前より百倍も意志的に作家になろうとしていた。〉（有吉佐和子「ＮＯＢＯＤＹについて」、『坂西志保さん』所収）

江藤も、のちにこう回顧する。

〈二年間の米国での生活が、私の生涯に浅からぬ痕跡を残したことは否定できない。（略）折にふれて私は、六〇年安保以後の自分は、六〇年安保の意味は何だったのか、米国での経験の意味は何だったのだろうかと、この二つのことだけを考えつづけてきたようなものだと思うことがあった。この想いは、私が日本の戦後の言語空間について、疑問を抱きはじめるまでつづいた。〉（江藤淳「『文學界』との四半世紀」『文學界』昭和五十八年十月号）

江藤は、新進の批評家として、渡米前に、『夏目漱石』、『作家は行動する』、『小林秀雄』などをものしていた。

六〇年安保の時は、大江健三郎氏、石原慎太郎氏、谷川俊太郎氏、浅利慶太、開高健らとともに岸政権と対峙する「若い日本の会」を作り、強行採決という政治のあり方に反対を表明していた。

江藤の著『アメリカと私』は、江藤自身がいうように「生涯に浅からぬ痕跡を残した」アメリカ留学の記録だが、一方、傑出した〝アメリカ論〟そして〝近代論〟としても記憶され、単行本が昭和四十年に朝日新聞社から出版されて以来、その時々の要請に応じて、講談社名著シリーズ版、講談社文庫版、文春文庫版、講談社文芸文庫版と版を重ねてきた。

講談社文庫版では鈴木光男氏（数理経済学者。プリンストン大学そしてのち、東京工業大学でも江藤と一緒だった）が、文春文庫版では石川好氏が、講談社文芸文庫版では加藤典洋氏が、それぞれ解説を書いている。

鈴木氏は、「猛獣のごとく現れ、芋虫のごとくひっそりとしていて、蝶のごとく変身した」と江藤のプリンストンでの日常を描き、石川氏は「（この本には）江藤氏の姿勢や物の考え方の原型が全て書かれて」いると評し、加藤氏は「何年かぶりに本書を披《ひら》いたが、やはり引き込まれた」と書く。

有吉と江藤では、生れ年では有吉がひとつ上だが、作家と批評家として早くから文壇へデビューしていた。

ふたりは密ではなかったが、交友関係は長かった。

ふたりは『三田文学』に原稿を書いていた。

昭和三十一年の初夏のころ、『三田文学』の合評会があった。司会は北原武夫であった。江藤の前の席には、よく目立つ深紅のスーツを着た女性が座っていた。この年の四月号に掲載された有吉佐和子という女流の手による「キリクビ」という作品を取り上げる段になると、突然、北原が「若い批評家の意見を、この際訊いておきたい」と江藤に水を向けた。

江藤は答えた。

〈「はい。実に達者な短編だと思いますけれども……」

といいかけた。

「けれども、どうなの？」

と、北原氏は容赦がない。

「…達者すぎて、どうも品格に欠けるように思います」

と思いきっていったとき、向い側の未知の若い女性の両頬に、サッと血がのぼった。しまった、ことによるとこの深紅のスーツの女性が、作者の有吉佐和子さんなのかも知れない。女流作家だけはケナすな、なぜなら一生恨みを忘れないから、と、文壇ではいい慣わされているというではないか。（略）合評会がおわると、その未知の女流作家、いや有吉佐和子さんは、柳眉を逆立ててチラリとこちらを一瞥し、礼儀正しく一揖すると、あとを見ずにサッサと会場を出て行ってしまった。〉（江藤淳「有吉佐和子さんのこと」、『大きな空　小さい空』所収）

〝キリクビ〟とは〝切首〟のことで、歌舞伎で使う切り落とした首のつくりもののことだ。

有吉は学生時代から演劇雑誌の編集部に顔を出し、日本舞踊の吾妻徳穂の秘書をしていた。歌舞伎など伝統芸能に強かった。

そんな有吉にとって、「キリクビ」は、自信作であったに違いない。

『三田文学』を総攬した『三田文学名作選　創刊一〇〇年』のなかに、森鷗外、泉鏡花、久保田万太郎、水上瀧太郎、谷崎潤一郎、永井荷風、芥川龍之介らに交じって、有吉の名もあり「キリクビ」が再録されている。江藤の「夏目漱石論」も掲載されている。

『三田文学』の合評会は、有吉満二十五歳、江藤満二十三歳のエピソードだったが、後日談がある。有吉は五十三歳、江藤は六十六歳で早逝したが、江藤は有吉に文壇パーティーで会うたびに恨み言を聞かされたという。


〈「江藤さんて、本当にひどい人なのよ。なにしろ面と向かって私の作品をコキ下すんですからね」と、彼女は華やかに、面白そうにいって、周囲の人々を見まわした。〉(同)

文壇には、世の常識でははかれないようなタイプの人士が多いが、有吉、江藤の二十代でのアメリカ留学は、のちに触れるが、四十代で留学した文士たちとは違った、その後の人生を変えてしまうような痕跡を残した。

†安岡章太郎は考えた。「ロックフェラー財団の留学生は召集ではない」

四十歳を間近にロックフェラー財団から留学の話が持ち込まれた安岡章太郎は、年甲斐もなく右往左往した。

占領期、そして独立直後の日本にとっては、留学は夢物語に近いという事情もあった。アメリカ留学には、ガリオアプログラム、その後継であるフルブライトプログラムなどの機会があったが、理科系はともかく、人文系に関しては、外国へ出ることは至難に近いことであった。ユネスコに招かれた中村光夫や、フランス政府給費留学生試験やイタリア政府給費留学生試験に合格してヨーロッパに渡った平川祐弘氏などのような場合、あるいは遠藤周作のケースしか、留学の手立てはないに等しかったといってよい。

ことに、文士が海外に出ることなどまずなかった。

遠藤周作は、安岡と同じ「第三の新人」と呼ばれたが、昭和二十五年というまだ占領下の時代にフランスに留学した。

これは、異例のことだった。カトリック教団の推薦（磯田光一『戦後史の空間』）と、ネラン神父の個人的バックアップによるものだった。

〈ネラン神父は在日三十年、「イエス論」という質の高い神学の本を書いた神学者で東大や慶応でも教鞭をとっていたが、考えるところがあってもう十年前から新宿の一角でシェーカーを振っている。（略）ネラン神父は若かりし頃、私と三雲（夏生、哲学者・註）たちがリヨンで留学している間、陰になり日なたになって助けてくれた人である。サン・シールの士官学校を出て少尉に任官した彼の写真を見たことがあるが、それは社交界でももてるに違いない美男子だった。彼の家はリヨンの郊外にある豪邸で、私もたびたび泊ったが庭園に汽車が走っているほどの広大な敷地であった。（略）私は日本に来て間もない彼をモデルに「おバカさん」という小説を新聞に連載した。小説中のおバカさんは馬面の、失敗ばかりしている男だが、ネラン神父は当時はマカロニ・ウエスタンに出しても恥ずかしくない美丈夫だった。〉（遠藤周作『私の履歴書』）

そして、安岡章太郎だが、ロックフェラー財団からの招請に迷いに迷った心境を、こう述べる。

〈手持ち外貨の乏しかった当時、外国へ留学するには、すべて向うの財団、教団などの招待によるほかはなく、たとい私費で留学する場合でも、表面は向うからの招待をうけたかたちをとらなければならなかった。（略）つまり当時は、戦時下以来の〝鎖国〟がまだ続いていたわけだ。
勿論、僕らは戦前の海外渡航が自由に許されていた時代のことは知らず、したがってこの〝鎖国〟を特に鎖国と意識することもなく、半永久的につづくものと思っていた。そういう意味でも、僕らは幕末の開港場が出来るか出来ないかの頃と同じ時代を生きていたことになる。〉（安岡章太郎『僕の昭和史』)

安岡の優柔不断は、アメリカへの留学話に、兵隊にとられた戦時中のころにさえ及ぶことになる。

〈実際のところ、僕はこの留学の招待を受けるべきか否かに迷った。巷には安保反対の〝攘夷〟の声があふれている。(略)

無論、ロックフェラー財団はアメリカ政府そのものではない。だからロックフェラー財団の招待をうけることは、べつに安保に賛成することにはならない。いや僕は、国会の安保の採決のやり方はデタラメであるとしても、新安保そのものにはとくに反対する気もなかった。(略)ただ僕は、こういうことで自分の態度をみずから決定することが何としても苦手なのだ。そういえば戦時中、兵隊にとられるときも、同じような気分だった。(略)

ロックフェラー財団の留学生は当然、召集ではない。いやなら、こちらから断ることは、いくらでも出来る。ところが、なぜか僕は自分からそれを言い出す気にはなれないのだ。〉(同)

安岡は、留学を、「召集」になぞらえた。安岡一流の表現だが、留学を怖れる一方憧れるという心理状態にいた。学者ならともかく文士を招くという計画は、ロックフェラー財団のプログラムを除いては、ほぼ皆無、貴重な機会だったことがうかがえる。

留学は、今日においては、いともたやすい。大方の大学の募集要項を一瞥しただけでも、その安直さは、隣町に自転車をこいで行くようなものだ。

†留学中の江藤淳は、「ニューヨークの街を歩くたびに、盛唐の都長安を行く日本の留学生のように感じた」

敗者日本は貧しく、勝者アメリカは豊かだった。その勢いの差が、文化攻勢を可能にしたのだが、江藤は、後年、留学時代をふりかえって、その高揚した気分を正直に書いている。

〈実際、ケネディ王朝のころ、私はニューヨークの街を歩くたびに、盛唐の都長安を行く日本の留学生のように感じたものである。当時のニューヨークは、長安にも、ハプスブルグのマドリッド、マリア・テレサのウィーン、ヴィクトリア女皇のロンドン、ナポレオンのパリにも比すべき都会と思われた。〉（江藤淳「アメリカ大統領選挙・一九六八年」）

東京オリンピックが開かれた昭和三十九年（一九六四）になってようやく海外渡航は自由化される。それまでの業務（本人や同伴家族）用、留学などに加えて、観光目的のパスポート（六ヵ月間有効）が発行されたのである。

福田と大岡が渡航した昭和二十八年（一九五三）の一般旅券の発行数は、約一万五千件、安岡が留学した昭和三十五年（一九六〇）のそれは、約五万三千件、江藤留学当時、昭和三十七年（一九六二）の発行数は約六万四千件だった。（外務省「わが外交の近況」による）

昭和三十五年の日本の総人口は約九千四百万人だから、敗戦後の日本にとって、ロックフェラー財団の留学生にかぎらず、海外は遠いものだった。

ニュース取材のおおもと通信社でさえ、簡単には特派員を送ることはできなかった。戦前からの同盟通信社は、戦後、ＧＨＱの指令により、共同通信社と時事通信社に分かれた。

〈（サンフランシスコ）講和条約の成立に伴い対外進出への道が開かれた。わが社は新構想による海外特派員制度を計画、（略）ワシントン、ロンドン、カラチ、ニューデリー、ニューヨーク、香港、ジャカルタの7都市に51年10月から特派員を派遣した。戦後このように多数の特派員を出したのはわが社が最初である。〉（『時事通信社60年史』）

ちなみに、平成二十九年（二〇一七）の日本人の出国者数は、約一七八九万人、訪日外国人数は約二八六九万人となっている。（日本政府観光局による）

第二章

「文士留学の仕掛け人」坂西志保と、チャールズ・B・ファーズ

†ロックフェラー財団の「文士留学プログラム」の不思議

左翼、革新勢力からはアメリカに〝買収された〟と反発され、ひとかどの大人である文士たちに海を渡ることの逡巡やとまどいの気持ちを起こさせ、当のアメリカ人からは「なぜ敵だった日本人をただ同然の待遇で招待するのか」という疑問の声まであげさせたロックフェラー財団による「文士留学プログラム」とは、そもそも、何だったのだろうか。

もちろん、冷戦構造という国際情勢が厳然として存在していた。占領が終わればなおのこと、アメリカは日本を自分の陣営に繋ぎとめておきたかった。

ヘレン・ミアーズは『アメリカの鏡・日本』（伊藤延司訳）のなかで、ロックフェラー財団を日本の財閥と比較して、こう表現する。

〈たとえば、私たちは「ザイバツ」を解体しようとしている。しかし、ザイバツは、この言葉のまがまがしい響きにもかかわらず、単に日本のモーガンであり、デュポンであり、フォードであり、ロックフェラーであるにすぎない。これらの銀行や企業は私たちの世界では、昔から尊敬されてき

た社会のリーダーだが、日本ではザイバツが敬われるようになったのは近代に入ってからのことである。〉

金氏は前掲論文（「ポスト講和期の日米文化交流と文学空間——ロックフェラー財団創作フェローシップ（Creative Fellowship）を視座に」）のなかで、こう述べる。

〈文化冷戦の強力な担い手としても知られるロックフェラー財団は、講和から50年代を通して民間組織として日米間の文化交流を先導し、日本において多岐にわたる文化事業を展開した。〉（傍点引用者）

文士たちをアメリカに一年間招くことは、冷戦時代を有利に運ぼうとするアメリカ政府（国務省）の方針と軌を一にし、ロックフェラー財団の主要な事業の一環となった。

アメリカはまた、占領期にはＧＨＱのＣＩＥ（民間情報教育局）を通して、講和後には国務省の方針として、自国の文学者を「文学大使」として日本に派遣した。

アメリカン・ウェイ・オブ・ライフ〃や〃民主主義国家・アメリカ〃を宣伝する諸作品を日本に積極的に紹介することにつとめたのである。

鈴木紀子氏（大妻女子大学准教授）に、「冷戦期の「文学大使」たち——戦後日米のナショナル・

アイデンティティ形成における米文学の機能と文化的受容——」という研究がある。

鈴木論文によれば、

〈第二次世界大戦期そして冷戦勃発により米ソの熾烈なプロパガンダ闘争が始まる１９４０年代後半、アメリカでは雑誌や文学作品等の図書は理念の戦いとされた冷戦を勝ち抜く為の「紙の弾丸(paper bullets)」と言われ、銃や弾丸等の戦闘手段と並ぶ重要性を持つ武器とみなされた。〉(傍点引用者)

これが、文学に対する時代の要請であった。

同論文によれば、戦時中のアメリカ国内では、戦時情報局（ＯＷＩ）と連携した「戦時図書協議会」が、「図書は理念の戦争における武器である」(Books are Weapons in the War of Ideas) とのスローガンを掲げていた。(傍点引用者)

†〝紙の弾丸〟としてのフォークナー来日

〝紙の弾丸〟といい〝図書は理念の戦争における武器〟といい、アメリカによる文化交流は、冷戦時代に戦略的であり、計画性があった。

ロックフェラー財団とて、日本人作家をアメリカに物見遊山に連れ出したのではない。〝民主主義国家・アメリカ〟、〝言論の自由の国・アメリカ〟を支える〝アメリカン・ウェイ・オブ・ライフ〟を肌で感じさせ、帰国後の執筆活動に反映させようと目論んでいた。

あの自尊心の強い有吉佐和子さえ、のちに反米色の濃い作品を書くことがあったとしても、「私は前より百倍も意志的に作家になろうとしていた」との感想を日本に帰ってから漏らした。そこには〝紙による戦争〟が、戦後新たに、アメリカから仕掛けられていたと考えるのが、的確な理解というものかもしれない。

鈴木論文によれば、占領期、CIEは、ローラ・ワイルダーの『大草原の小さな家』を、連合軍最高司令官であるマッカーサーが推薦しているという理由で、その推奨図書にあげた（翻訳本は昭和二十四年から刊行開始）。

マッカーサーは、ワイルダーの西部開拓物語に、「アメリカの民主主義的生活の理念を実に生き生きと伝えている」との最高の賛辞を与えた。

このマッカーサーの思惑は見事にあたった。『大草原の小さな家』は、占領期どころか現在に至るも日本で読み継がれている。

CIEが同時に推薦していた『大地』のパール・バックもまた、日本人の間に受け入れられた。『大地』は何年もの間、ベストセラーにランクされ、日本人のその後の素朴な中国理解、〝よき大地〟中国という認識を形成するうえで大きな影響を与え続けてきた。

鈴木氏は、バックの原爆投下批判を評価する一方、占領下の日本人のふるまいを「優れて協力的」とした女史を、「日本に対する優越的眼差しが垣間見える」とする。

アメリカからの「文学大使」といえば、パール・バックと同じノーベル賞作家、ウイリアム・フォークナーの来日を忘れるわけにはいかない。

フォークナーは、当初、日米は文化が違うからお互いわかりあえないだろう、といい、訪日に消極的だったが、結局、国務省の要請を受け入れた。

フォークナーは、昭和三十年（一九五五）夏の長野での講演等で、日本の読者に向けて次のようなメッセージを送った。

〈A hundred years ago there were two cultures, two economies, in my country, the United States, and ninety-five years ago〔1860〕we fought a war over it and my side were whipped. We were invaded, we went through something of your own experience, only our invaders made no effort to help us.〉

鈴木氏の解説によれば、フォークナーはここで、南北戦争による南部の敗北と第二次世界大戦における日本の敗北経験とを重ね合わせている。

南部と日本は、ともに〝アメリカ〟という国に完膚なきまで打ち負かされ、侵入され、悲惨な目にあった。何の助けもしてくれぬ〝アメリカ〟に負けたもの同士ではないか。南部と日本は、同じ経験を分かちあっている、とフォークナーはいう。

ロックフェラー財団留学生として、南部を経験し、アメリカ東部、ヨーロッパを経てすでに昭和二十九年に帰国していた大岡昇平は、フォークナーの講演に衝撃を受けた。

いや、このフォークナー講演以降に、ロックフェラー財団留学生としてアメリカに行った阿川弘之、小島信夫、庄野潤三、有吉佐和子、安岡章太郎、江藤淳はそれぞれにフォークナーによる南北戦争観、アメリカ観に多大の影響を受けたことを隠していない。

阿川の場合は日系移民のことを考え、小島と安岡はアメリカでの多くの時間を南部で過ごした。庄野はあえて戸数二百、人口六百の中西部の大学町（村？）を留学地に決め、大都会を避けた。有吉は黒人たちに接し、江藤はプリンストンに到着直後、エドマンド・ウィルソンの『憂国の血糊——米国南北戦争文学の研究』という大部の書物を大学図書館で発見し、その後の著述活動に多くの示唆を得た。

大岡は、東京の国際文化会館で実際にフォークナー（この時、フォークナー五十八歳）と懇談している。同席した文芸関係者は、青野季吉、伊藤整、川端康成、高見順、西村孝次らだったが、その時の感慨を大岡はこう述べている。

〈現在彼は、郷里ミシシッピ州の農園に半ば隠遁的生活を送っている。そういう生活を選んだ動機について、

「自分は作家であると同時に家長であって、家族を見なければならぬ。土地は先祖代々のもので、祖先に対して責任を持っている」

という恐ろしく古風な言葉が飛び出してくる。彼の祖先はスコットランドの北はずれ、インヴァネスの出であるという。スコットランドから南部と続いた反抗の系譜がたどれそうである。

今や正に日本から消え失せようとしている古風で、善良で、はにかみ屋で、ひたむきな文学者の型を新来のアメリカの一流作家に感じたのは異様な経験だった。〉（大岡昇平「『文学の運命』の理解者」『朝日新聞』昭和三十年八月四日）

†坂西志保は石井桃子にいった。「あなた、アメリカで勉強する気はありますか？」

福田恆存、大岡昇平に続いて、三人目のロックフェラー財団留学生としてアメリカに渡ったのが、石井桃子だった。

〈あれは、たぶん、一九五三年の半ばすぎのことであった。そのころ、私は岩波書店で子どもの本を編集していたのだが、ある午後、机の上の電話で、坂西志保さんが私を訪ねてこられたと知らされた。

驚いて受付にとんでいくと、まえに二、三度お会いしたことのある坂西さんが、ぽつんと玄関に

立っていらした。（略）
「あなた、アメリカへ一年、勉強にいってみる気ありますか？」とおっしゃった。
アメリカのロックフェラー財団では、世界じゅうの研究者に奨学金をだして、研究員《フェロー》として国外留学の機会をあたえている。坂西さんは、日本の部の人文関係の人選委員をしていらしたのだ。もし、私にゆく気があれば、すい《マ》せん《マ》してみるというのである。〉（石井桃子「出会いの旅」、『児童文学の旅』所収）

石井は、坂西の名前を以前から知っていた。

〈先生のお名前をはじめて心にとめたのは、十代の半ばごろだったろうか、私の家でとっていた新聞の小さな囲み欄に、アメリカで若い日本の女性が、石川啄木の『一握の砂』を翻訳したという記事を見たときのことである。〉（石井桃子「地下水のように」、『坂西志保さん』所収）

石井もまた、坂西の突然の申し出に、安岡と同様に逡巡した。（ちなみに、坂西が『一握の砂』を訳したのは、昭和九年八月、坂西三十七歳のときであり、そのとき石井は二十七歳であったから、石井の記憶には十年ほどの相違がある。）

〈突然の話だったし、まだそのころ、ひとさまの浄財は遠慮なくいただいていいのだという考えになれていなかった私は、即座の返事ができなかった。それにもうひとつ、気になったのは、そうした奨学金をうけた場合、こちらに何らかの負い目が生じるのではないかということだった。しかし、そのことを伺うと、坂西さんは、そういうことは全然ない、その勉強をのちの私の仕事に役だてれば、それでいいのだと説明してくださった。私が「考えます」とこたえると、坂西さんは、さっさと帰られた。〉(「出会いの旅」)

結局、「ひとさまの浄財をいただく」や「奨学金に何らかの負い目」という感情に打ち克った石井は、坂西の推薦でロックフェラー財団理事のチャールズ・B・ファーズ博士の面接を受け、財団派遣の留学生となる。

「出会いの旅」は、石井のアメリカにいた九ヵ月間の見聞(その後、ヨーロッパに渡る)を帰国後、ある時間をおいて記したものだが、その筆致は淡々としている。

留学の目的は「アメリカの子供の本の出版事情や図書館活動を見学」することだった。

この留学は、「修学旅行的なもの」(「出会いの旅」)と本人がいっているように、石井のアメリカ報告には、福田や大岡や安岡や江藤のような、留学をまえにしての感慨や興奮といったものはない。

たぶん、その理由の一つは、留学時の年齢が石井の場合、四十七歳とロックフェラー財団に声をかけられた人のなかで最年長であったこともあるだろう。それよりなにより、石井は留学時、べストセラー『ノンちゃん雲に乗る』の作者としてすでに超有名人であった。（『ノンちゃん雲に乗る』の執筆にいたる背景については、尾崎真理子氏の『ひみつの王国　評伝石井桃子』に詳しい。）

留学した年の昭和二十九年には、石井は第二回菊池寛賞を「児童文学活動」を理由に受賞している。同時受賞者には、『羅生門』や『地獄門』を製作し、ヴェネツィアやカンヌの映画祭で評価を受け、自信喪失気味だった戦後の日本人を熱狂させた大映社長永田雅一や、中島健三、横山泰三、岩田専太郎らがいた。

菊池寛賞は、文学、映画・演劇、新聞、放送、出版など広いジャンルの文化活動に与えられるユニークな賞だが、石井は、徳川無聲、花森安治、水谷八重子、川端康成、菊田一夫らに先駆けての受賞であり、如何に当時の石井の存在が大きなものであったかがわかる。

『ノンちゃん雲に乗る』は、昭和三十年、ヴァイオリニスト鰐淵晴子がノンちゃんを演じ映画化される。父親に藤田進、母親に原節子、おじいさんに徳川無聲という豪華な配役だったが、この映画は、昭和三十年代に小学生、中学生だった世代に、大きな影響を残している。

†皮肉屋・大岡昇平でさえ坂西に最大の感謝をささげている

この大物・石井をも動かした坂西志保という、一見、身が軽く、独立独歩で、冷たそうでいて一方あたたかそうな雰囲気を持つ人物は何者なのか。

そして、面接者として選考にあたったチャールズ・B・ファーズとはどのような人物なのか。ロックフェラー財団留学生としてアメリカに行った人たちは、留学の途中も帰国後も坂西の名をあげ、最大の感謝の気持ちをささげている。

皮肉っぽい言葉を吐きがちな大岡昇平でさえ、

〈私は（略）一年二ヵ月、ニュー・ヘヴンのイエール大学とパリに滞在したが、これは私にとって初めての、しかも最も長い外国滞在であり、そこから私の得たものは、はかりしれない。それだけに世話をして下さった坂西さんに、いくら感謝してもし切れるものではないのである。〉（大岡昇平「坂西さんの思い出」、『坂西志保さん』所収）

という。

坂西の自伝『私の遺言』や、「坂西志保略年譜」（国際文化会館藤野幸雄図書室長作成・昭和五十二年当時）によれば、坂西は明治二十九年（一八九六）十二月六日、現在の小樽市字塩谷に生まれた。農場に入植した両親はクリスチャンで、坂西は幼児洗礼を受ける。

幼少時父親から英語の手ほどきを受けていた坂西は、小樽のミッションスクールを卒業すると、大正四年（一九一五）横浜の捜真女学校に進む。

同校英文科（専科）を卒業後、師範学校中等学校高等女学校教員試験検定・英語科に合格し、大正十年、関東学院で英語を教える。
歴史家のねず・まさしは、関東学院での坂西の最初の教え子である。
坂西は頬が赤かったので、男子校である関東学院の生徒たちから「アカニシ」とのあだ名をつけられていた。ねずの当時の思い出である。

〈私が、大正十年（一九二一）の春、横浜の関東学院という中学に入って、まっさきに驚いたことは、若い女の先生がいることだった。英語の坂西先生だ。（略）
最初の時間では、着物と紫色の袴の先生は、男のように腕を組み、金ブチの眼鏡をかけて、壇上から私共を見おろしながら、「お前達は、何のために英語を習うのか」勘《ママ》高い声で質問した。
小学校の高等科で英語をすでに習ってきた数人の生徒は、サッと手をあげた。先生が指すと、「僕は将来貿易商になろうと思いますから」と答えた。先生は「よろしいッ」と。彼は得意気に坐る。さすが貿易港横浜の子である。（略）のんびりした台湾育ちの私は「そんな決心をしなくては、英語を覚えられないのか」と驚いた。〉（ねず・まさし「坂西先生の若いころ」、『坂西志保さん』所収）

ねずによると、坂西の教授法は暗記一本やりだった。

〈今日習ったことは、明日全員に暗記させる。できないと立たせるし、理由を聞く。一週間過ぎると、翌週は前週分の暗記、一ヵ月たてば一ヵ月分、新学期には前学期分。しかもページ順でない。「何ページ」といきなり開いて、あてる。席順にあてないから、いつ誰にあたるか解らない。時間の中頃には、ほとんど全員が立たされる。

生徒たちは、放課後早速暗記、翌日は授業の始まるまで暗記、一年生は大パニックだった。〉（同）

†「トイレで猛勉強する東洋人」、その人の名は、坂西志保

関東学院で一年余教えたのち、坂西は、大正十一年（一九二二）、まもなく二十六歳になろうとする頃、「日本人のいない大学という条件をつけて」マサチューセッツ州にあるホイートン・カレッジに留学する。

ホイートン・カレッジは、清教徒が上陸したプリムスロックから七〇マイルばかりはなれた、学生と教職員以外の住人が二百人という寒村、ノートン村にあった。

のちに、庄野潤三が留学する学校を決めるにあたって、できるだけ小さな町や村にある大学に通ってみたいという希望を伝えると、坂西は相好を崩した。そして、アメリカへの留学を志す人に、庄野の『ガンビア滞在記』を熟読するよう誰彼なく薦めていたのは、そこに自らの体験を重ねてのことがあったからだろう。

ホイートン・カレッジに学ぶことの決意のほどを、坂西は次のように書いている。

〈コール学長との第一回の面接で、外国人として特別の配慮を要求するかときかれた。私はなんのためらいもなく〝ノー〟と答えた。日本人のいない大学と条件をつけた理由は、特異の存在として扱われるのを嫌ったからであった。私は何の特権も認めない。言葉のハンディキャップがあっても、十八、九歳のアメリカ学生と比べると、頭脳の訓練はできているはずである。平等の立場で勝負する。どうしても学業について行けないというのであったなら、科目を減らすとか、留年するとか、大学の方で相談に乗ってくれるであろう。〉（坂西志保『私の遺言』）

事実、坂西は猛勉強を重ねた。

女子大であるホイートン・カレッジの校則は厳格で、夜十時が消灯だった。いかに関東学院で生徒たちに厳しい教え方をしたといっても、坂西は日本人である。英語が問題であった。寝ても覚めても英語でものを考える。英語で考えていると、時間が足早に過ぎて行く。その上、あらゆる科目に参考資料を読むというアサインメントがある。どんなに頑張っても十時消灯では追いつけない。坂西は考えた。

〈十時の消灯後、みんなが寝静まってから、私は数冊の本とノートブックをかかえて、トイレに籠城した。これを聞いて可哀想に思ったのか、教頭がある日、夜中まで電灯をつける許可を与えようか、といってくれた。有難いとは思ったが、トイレで勉強するのが寮則違反にならないのであったら、私はむしろその方を選ぶ、といって断った。〉（同）

この猛勉強に、「大学新聞」が飛びついた。

「東洋人、トイレで猛勉強」と面白おかしく報じたのである。

ホイートン・カレッジとはどのような大学なのか、坂西はこう書いている。

〈宗派のつながりはなく、リベラルな女子大学で、学生は四百名、これ以上ふやさないことにしている。どちらかといえば、保守的で、秩序と規律を重んじ、学問に秀でる人物よりは、むしろ社会人として健全な考え方を持った人物を養成することを目的としている……〉（同）

このホイートン・カレッジでの留学は、二年、長くても三年という期限つきだった。

しかし、大正十二年（一九二三）の関東大震災が坂西の運命を変える。

坂西は帰国を断念し、アメリカにとどまり勉学を続けることを決心する。

「坂西志保略年譜」によれば、坂西は大正十四年（一九二五）にホイートン・カレッジを卒業し、ミシガン大学大学院に進む。翌年、英語科の修士号を取得するが、大学にはそのまま在籍し美学を学ぶ。

昭和四年には、ミシガン大学から哲学博士の学位を与えられる。

ヴァージニア州ホリンズ・カレッジ哲学科助教授を経て、昭和五年（一九三〇）、アメリカ議会図書館に就職し、中国文献部門助手となる。坂西三十四歳のことだった。

ここでも坂西は猛烈に働いた。

黒田良信氏（アメリカ議会図書館東洋部日本課長・昭和五十二年当時）によれば、アメリカ議会図書館は一八〇〇年の創設で、日本語の文献を集めだしたのは一八七五年のことだった。坂西が来るまで日本語を解する職員は一人もいず、蔵書も一万二千冊程度だったという。しかし、一九三〇年から戦争開戦までの約十年の間に、つまり在任十年の間に日本語蔵書を日陰者のような存在から一転させようと、坂西は「日本目録規則」を定めた。

蔵書数も三倍の三万四千にまで増やした。

これは大きな功績であった。一九三〇年代の初めに、日本研究の講座を持っていたのは、コロンビア、エール、ハーヴァードなどの極めて少数の大学であり、「日本研究を志そうとすれば、東京、京都かパリに行かなければならなかった」（黒田氏）。

黒田氏は、書く。

〈現在（昭和五十二年・註）アメリカ議会図書館は五十三万冊の日本語の蔵書をもち、年間一万五千冊の本と二万冊の雑誌を受け入れ、四十人の日本語を解する職員が日本語文献の整理とサービスに当り、アメリカにおける日本研究の最後のよりどころとして利用されている。議会図書館の日本語蔵書が今日あるのは、坂西さんが最初の日本人職員として一九三〇年代に困難にもめげず、見事な基礎づけをしておいたからであって、彼女の功績を私たちは決して忘れることはないであろう。〉（黒田良信「坂西さんとアメリカ議会図書館」、『坂西志保さん』所収）

坂西は、「トイレで猛勉強」のほか、アメリカ生活で数々の逸話を残している。

一九三〇年代は、黄禍論の時代であった。

議会図書館に新設された東洋部の中心に、アメリカ国籍を持たない日本人がいることを問題とする人々もいた。

「黄禍は連邦政府内にまでおよんでいる」と騒ぐ議員もいた。

†坂西の「ヤロー・ペリル（黄禍）」という名のカクテル

そんな風潮をからかいたくなった坂西は、あるカクテルを考え出した。

〈ジン2、ヤロー・シャトルーズ1、という配分で、コックテルをつくり、ヤロー・ペリル（黄禍）と命名した。一九三〇年代の初期にはまだ、東亜の黄色民族が世界制覇を企てているなどという人

がいた。（略）

私は、からかいたくなってこのコックテルを考案したのである。甘くて、口ざわりがよい。それにエビやアジの酢づけ、紙のように薄く切ったヴァジニア・ハムなどを添えて出すと、なかなか評判がいい。三、四杯で陶然として来る。そうなると、黄禍論はもちろん、マンロー主義も、ウィルソンの国際協力論も雲散霧消してしまう。〉（坂西志保『私の遺言』）

このカクテルは、一般には「アラスカ」という名で知られている。

薄い茶黄色のカクテルである。ただし、ジン、シャトルーズはともにアルコール度数は四〇度を超えるから、きわめて強い。

このカクテルを、三、四杯飲んで「陶然として来る」という坂西は、酒豪である。

こんなエピソードもある。

鶴見俊輔（のち、一九四二年に坂西と同じ日米交換船で帰国）は、いう。

〈十五歳のころ、一九三八年の正月、しばらくワシントンの斎藤博大使の公邸にお世話になっていたことがあった。この時にも大使の話の中に坂西さんがよく登場した。（略）斎藤大使をかこんで話している外交官の一人が、ニューヨーク在勤のころに、坂西さんが時々ふらりと来てとまっていったといって、

「荷物も何もさげてこないのですね。コートのポケットに歯ブラシ一本だけいれて、これもって来たというんです」

アメリカに来て、歯ブラシ一本をポケットにいれて友だちの家にとまりにゆく女性という人柄が、私の中に住みついた。〉（鶴見俊輔「独行の人」、『坂西志保さん』所収）

その後の坂西の履歴を「坂西志保略年譜」から追ってみる。

一九三四年（昭和九年）、『現代日本詩人全集』の第一巻として、石川啄木『一握の砂』（A Handful of sand）を翻訳、ボストンの出版社から斎藤博駐米大使の序を付して出版。翌年、同全集の第二巻、与謝野晶子『みだれ髪』（Tangled Hair）を出版。

一九三六年（昭和十一年）伊藤左千夫の『牛飼の歌』（Songs of Cowherd）を同全集第三巻として刊行。

一九三七年（昭和十二年）九月、図書収集のため日本に出張し、黄表紙三百冊、俳書二百冊を中心とした江戸期の文芸書を持ち帰る。二カ月間の出張予定であったが、日中間が戦争状態となったために、四週間でワシントンに呼び戻される。

一九三八年（昭和十三年）、アメリカ議会図書館・東洋部日本課長に就任。狂言二十二番（Kyogen: Comic Interlude of Japan）を翻訳し、解説も担当した。

一九三九年（昭和十四年）、斎藤博駐米大使死去。合衆国海軍アカデミーに斎藤家から寄贈された供養塔に、坂西、碑銘を献ずる。

米国務省のために、日米修好通商条約（安政五年七月二十九日付、原文オランダ語）の英訳に協力する。

一九四一年（昭和十六年）、坂西四十五歳のとき、日米開戦。この年、十二月七日午後五時、ＦＢＩの手でワシントンの市内の自宅から逮捕連行され、取り調べを受ける。

デラウエア州の収容所に送られる。

一九四二年（昭和十七年）、六月、交換船グリプスホルム号でニューヨークを発つ。喜望峰を回り、ロレンソ・マルケス（モザンビーク）で日本側交換船・浅間丸に乗船し、八月二十一日に横浜港に着く。

鶴見俊輔は、交換船中の坂西と、帰国後六〇年安保騒動の最中に会った坂西について、こう書く。

〈実物の坂西さんにはじめて会ったのは、一九四二年六月一〇日、同じ交換船にのりあわせてニューヨークのエリス島をはなれた時である。それから二ヵ月半、同じ船ですごした。

話し方が一風かわっていて、

「小鳥をつかまえて、その尻尾に塩をのせてやるんだ」（drop a pinch of salt on the tail of… 鳥をつかまえるには尾に塩を落とすとよいとされるから、～をまんまとつかまえるの意・註）

というような、英語のたとえをそのまま日本語に移したような言いまわしが、口をついて出てきた。少しへんだなと思いながら、そういう言い方が坂西さんからきくとあたりまえのようにも感じられた。

一九六〇年の六月、日本国内の世論の分裂のまっただなかに米国からアイゼンハウアー大統領が来ることは望ましくないという判断を書いたビラを、戦前の日本人留学生十数人で相談してつくり、坂西さんにも参加してほしいと思って訪ねた。築地の料亭で、その名は忘れたが、そこで死刑制度廃止の研究会がひらかれていて、そこに訪ねてきてほしいと指定されたのだった。料亭の玄関に坂西さんは出てきて、

「このビラの趣旨には賛成です。しかし私は、集団のメンバーとして何かすることが信じられなくなっているので、私ひとりで何かやってみます。」

と言われた。

その時、十二名の連署でつくったビラを、私は、米国大使館の前でくばったが、このビラ以上に、坂西さんがひとりで努力されたことは効果をもったであろう。〉（鶴見俊輔「独行の人」）

†FBI坂西逮捕の理由は、「スパイ容疑と日本文化の宣伝活動」

横山學氏（ノートルダム清心女子大学名誉教授）は、坂西の帰国について、『太平洋戦争開戦時の坂西志保と日本送還』という論文を執筆している。

同論文によれば、坂西の連行、逮捕理由は、「開戦にともなう敵性外国人に対するスパイ容疑」、「日本文化の宣伝活動」などであった。

前述の啄木や左千夫や晶子の翻訳、また狂言の紹介などもその容疑に触れたようだ。

横山氏の詳細な研究によれば、FBIの告発書には、「その優れた英語力と知力によって、米国の研究者たちの情報センターとなり、大使館・領事館と密接な関係を持ち、日本文化の宣伝活動（propaganda activities）を行った」、「斎藤博元駐米大使と親密だった」、「野村（吉三郎）大使に『ワシントンと米国陸軍の社会的慣習』について助言した」、「年俸が二千六百ドルだったにもかかわらずワシントンにやって来た人々に頻繁に食事を供した。大使館からその目的のために大量の酒類を提供されていた」、「一九四一年五月、日本が中国から撤退するであろうと観測し、将来日米関係に問題が生じるであろうという見解を表明した。これによって、アメリカ議会図書館での職を失う可能性があると発言していた」など十一の容疑が書かれていたという。

坂西に対する審問委員会は、二度開かれた。

横山論文によれば、審問委員会は「民主的・公正に」進行し、

〈告発の内容は厳密に検討され、根拠の薄いもの、噂などに基づくもの、推測や憶測は退け（略）審問委員会の結論は極めて好意的なものであった。〉

という。

春名幹男氏の『秘密のファイル　CIAの対日工作』は、坂西が「日本外務省への情報提供者だ

ったことは明らかだった」としている。

同時にアメリカ側のスパイ、つまりダブルエージェント（二重スパイ）という疑いもあったと書く。米海軍情報将校のエリス・ザカライアスの「坂西は米国における日本のベストの要因の一人」という言葉を、春名氏は紹介するが、二重スパイと断定する証拠は見つかっていないという。

「坂西志保略年譜」によれば、坂西は帰国したその年（昭和十七年）、外務省顧問となった。そして翌昭和十八年、鶴見祐輔（俊輔の父）がいた太平洋協会のアメリカ研究室主幹となる。のちの民社党の重鎮関嘉彦は、昭和十四年に太平洋協会調査部に就職している。事務所は東京の内幸町にあった。

太平洋協会について、関はこう書く。


〈鶴見さんは次のように太平洋協会設立の目的を話した。いま日本は支那事変の泥沼にはまりこんでいるが、これから足を抜くためには日本の人口問題を解決する代替地を求めねばならぬ。（略）日本が平和的に南方に進出するよう内外の世論を喚起することがこの協会の任務だ〉（関嘉彦『私と民主社会主義　天命のままに八十余年』）

アメリカでスパイ容疑を受けた坂西だが、帰国後も活発な行動をする。

〈(坂西は)陸海軍、外務省などから盛んに米国の事情や極秘の事項を話すようにも求められた。正直な彼女は知っていることを何でも話し、この戦争がとても続けられないこと、米国の戦力が巨大なこと、軍需物資の貯蔵のぼう大なことなど、遠慮なく話した。その結果、かえって軍当局の怒りを招き、(東京)高田の馬場《ママ》の住所のある所轄の戸塚署からよばれ、「何のためにああいう講演をするのか」ときかれて、非常に怒った。彼女とすれば、愛国心から正直に話したのに、反戦主義者扱いをされ、尾行もつけられ、さっぱり訳がわからなかった。〉(ねず・まさし「坂西先生の若い頃」、『坂西志保さん』所収)

満州でも関東軍の怒りを買ったらしい。

「坂西志保略年譜」には、昭和二十年二月から三月にかけて、満州国外務省の招待を受け、大連、新京、奉天、哈爾浜《ハルビン》を歴訪し、関東軍将兵にアメリカ事情を講演、とある。

その時のことである。

〈昭和十九年ごろには、その前から敗戦を確信し、「必焼」の信念などと冗談をいっていた坂西さんは、敗戦後の処理についてあれこれと考えをめぐらしていた。二十年はじめ、敗戦必至について、関東軍をうまく説得するよう、外務省から満州に派遣された坂西さんは、まんまと裏切者の敗戦論者と決めつけられ、某将官が「今夜、坂西を斬る」と毎晩のように喚いたという物騒な話を、坂西さんが笑いながらしたこともあった。〉（杉村武「考える葦――坂西さんと我孫子」、『坂西志保さん』所収。杉村は朝日新聞社友・昭和五十二年当時）

アメリカにおいては「スパイ」あるいは「ダブル・エージェント」、交換船で帰国後の日本では「愛国者」または「裏切者」となった坂西に、福田恆存は昭和十九年に会っている。

福田は、この年、清水幾太郎の勧めで太平洋協会アメリカ研究室の研究員となり、坂西を知ることになる。（『福田恆存全集』第七巻「年譜」）

福田のエッセイに坂西の人物を語るエピソードが描かれている。

戦時下にもかかわらず、坂西を長とする太平洋協会アメリカ研究室は、うまいものを求めて八王子郊外までピクニックがてら出かけることになった。交通事情が悪い当時、誰もが集合の駅に遅参した。ところが、ひとりの若い女性がいつまでたっても姿を現さない。とうとうこの電車を逃すと、次の電車までまた長時間は待たなければならないという段になって、やっとくだんの女性が息せき切って到着した。

坂西がほっとしたように「どうしたの？」と穏やかに訪ねた。

女性は、「私は大分前にここに着いたのですが、誰もいないので、皆さん道に迷ったのではないかと、探しに行っていました」と答えた。

女性らしい優しい心遣いだと福田らが納得した瞬間、坂西の口から厳しい叱責が迸り出た。

〈「ここで待合はせると約束したら、たとへ皆が遅れても揃ふまで待つてゐればいいのです。一人一人が自分の思惑で動いたらどうなりますか、もしこれが戦場だつたら大變なことになる。」（略）私はこの坂西さんの嚴しい言葉に目を開かれる思ひがした。英文学を通じてしか西洋を見てゐなかつた私は、その時初めて直にこの目で西洋そのものを見たのである。私の最初の外遊は坂西さんのお世話で横濱を立つた昭和二十八年のアメリカ行ではなく、昭和十九年の、それも戦時下東京の片隅を走る私鐵に乗込んだ時であつた。〉（福田恆存「坂西さんから教つた事」、『坂西志保さん』所収）

†坂西、マッカーサーに呼び出される

戦後、連合軍が進駐して来た直後の昭和二十年九月、坂西はマッカーサーに呼び出される。そして、ＣＩＣ（対敵諜報部）で働くことになる。

この間の事情を杉村武が書いている。

〈坂西さんはある日突然、マッカーサーに呼び出された。第一相互ビルにあったＧＨＱ（占領軍総司令部）に行くと、マッカーサーは、シホ・サカニシという有能な女性が、そちらにいるから使うようにと、本国から連絡があったが、われわれとしては理想的な占領政策を行うつもりである、それに、おまえは協力する考えはないかという意味のことを高飛車に言われた。坂西さんは、フン

と思ったそうだが、口に糊する一助になるしと思って、承諾したら、早速あすから出て来い、ということになった。GHQでの部署はC・I・C（逆諜報部）であった。

そこに坂西さんがいた期間は、短かったけれど、戦後日本の、剥き出しの現実を、まざまざと手っ取り早くみてとるには、格好の場所であったに違いない。（略）日本の支配層とつながる軍上層部の不可解な動きや対立、司令部の優秀な軍人たちが少なくなって行って、軍政のレベルが低下して行ったこと、勤務がだんだん不愉快になって行くことなどを、折にふれ坂西さんは話すようになった。〉（杉村武「考える葦――坂西さんと我孫子」）

日本の外務省に重んぜられ、GHQにも重宝がられる。

たしかに、坂西の立場は微妙である。

GHQに通っていたころ、坂西は千葉県我孫子に住んでいた。

我孫子は北の鎌倉とも呼ばれ、嘉納治五郎、柳宗悦、志賀直哉、武者小路実篤、柳田國男らが居を構えたところだが、坂西は杉村楚人冠宅に寄寓していた。

坂西の執筆活動は休むことがなかった。十月には、「米軍との接触をどうすればよいのか」という論文を書いている。

GHQをやめた後、どのような組織に属したかは、「坂西志保略歴」には書かれていないが、この年、坂西は、内閣省警察制度改革委員会委員、文部省科学振興委員会委員、同省通信教育委員に任命されている。

昭和二十一年には、福田恆存との共訳でエーヴ・キュリーの『戦塵の旅』を刊行した。エーヴは、母の生涯を描いて世界的なベストセラーとなった『マダム・キュリー伝』の著者である。『戦塵の旅』は、「太平洋戦争勃発の年に、エーヴが新聞社の戦時特派員の資格で連合國軍の間を訪ね回つた時のことを書いた旅行記」（『福田恆存全集』第六巻「覺書六」）だが、福田は、書く。

〈『戦塵の旅』の日本語譯は（略）坂西志保との共譯になつてゐるが、實際は私一人で譯したものである。たぶん戦争直後のため、坂西女史との共譯にした方が、檢閲の許可が早く降りると思つたのであらう。〉（同・傍点引用者）

このさりげなく書かれている数行はかなり大きな意味を持つ。

占領期、ＧＨＱは、ＣＣＤ（民間検閲局）を中心に厳格な検閲を実行した。

活字メディアの「事前検閲」（実際に刊行する前にゲラをＣＣＤに提出し、検閲を受けること）は、出版が昭和二十二年の十月末まで、新聞がおおよそ昭和二十三年七月まで続けられた。

山本武利氏の『ＧＨＱの検閲・諜報・宣伝工作』によれば、

〈検閲行動は極秘とされ、ＣＣＤやＰＰＢ（プレス・映画・放送部）の存在はブラック・ボックスのなかに収められた。占領期発行の英語の辞書や時事用語集の略号欄には、ＣＩＥ（民間情報教育局）やＧＳ（民政局）などのＧＨＱの部局の説明がなされていたのに、ＣＣＤなどＧ―２（参謀第二部）関連の部局名はほとんど占領期には登場しなかった。そして一部削除や保留など検閲の痕跡の刊行物での登場は厳禁となった。〉

とある。

しかし、「事前検閲」が終わっても、「事後検閲」が待っていた。「事後検閲」とは、実際に本や新聞の形で刊行されてからの検閲を意味する。その場合の一番重い処分は、発売停止である。商品として形を成しているのに売ることができない。となれば、その経済的損失は大きい。そのため、ゲラの段階で検閲を受ける「事前検閲」より「事後検閲」に出版社や新聞社は神経をつかう場合が多かった。

当時の朝日新聞社の出版局長は、

〈自由になった検閲制度のもとにわれわれが執筆し、編集する場合にも、やはり各自の心に検閲制度を設けることを忘れるならば、人災は忽ちにして至るであろう。事後検閲は考えようによれば、自己検閲に他ならぬわけである。油断と不注意から、野放図にハメをはずすならば、人災は他人事ではなくなるのである。〉（山本前掲書・傍点引用者）

との販売停止処分を怖れる思いを朝日新聞の「社内報」に寄稿している。

昭和二十四年十月にCCDは廃止され、GHQによる検閲制度はおわった。

しかし、検閲制度は、朝日新聞出版局長の弁にもあるように、日本人の心と思考に大きな傷跡を残した。

GHQという存在へのあらゆる角度からの忖度である。

こうしてみると、福田が『戦塵』を個人訳ではなく、坂西との共訳にした理由も明確になる。

まず、坂西のGHQへの影響力が並々ならぬものであったこと、そして、検閲制度への福田の警戒心が大きかったことである。

余談になるが、江藤淳がのち昭和五十四年（一九七九）にふたたびアメリカに長期滞在し、ワシントンのウッドロー・ウィルソン研究所で「占領軍の検閲」の研究をした時、福田が「そんなことは誰でも知つてゐる」（『問ひ質したいことども―公開日誌から』）と書き、そんなことを調べるのにアメリカへ行くなど「国際交流基金の金の無駄遣ひ」（同）と批判したのも、こうした経験があったからである。

坂西は、昭和二十三年、神奈川県大磯に転居。この地を終の棲家とする。この大磯の坂西邸については、江藤淳が面白いことを書いている。

プリンストン大学留学を目前に控えた昭和三十七年の初夏のころ、江藤夫妻は坂西邸に招かれた。

〈そのときのお話によると、坂西邸はなかなか由緒のある建物で、伊藤博文が建てさせたというんですね。伊藤はもちろん初代の内閣総理大臣で、明治の元勲ですが、大磯に滄浪閣という邸宅を構えていた。この人はお金には恬淡としていたけれど、女性をはなはだ愛した。（略）坂西邸は、滄浪閣主人伊藤博文が、新橋から代わる代わる美妓を招んでは伽《とぎ》をさせるという目的のために建てた家で、昔は人目を忍んで来る女性のために、秘密の入口がついていたということでした。

坂西さんはこの家を建築家の吉田五十八さんに依頼して改造し、ひとり暮しをしておられたのですが、伊藤の隠宅に坂西さんのような最高の知性が住んでおられるというとり合せは、面白いものだと思いました。〉（江藤淳「坂西志保さんのこと」、『続々こもんせんす』所収）

昭和二十四年、坂西は、朝日新聞にチック・ヤングの『ブロンディ』を翻訳連載（昭和二十六年まで）、『ブロンディ』は、国民的人気漫画となる。

この間、参議院外務委員、国立公園審議会委員、エッセイストクラブ理事などをつとめる。

ロックフェラー財団理事で、人文科学部門長のチャールズ・B・ファーズとの付き合いを深めたのもこのころであった。

†ロックフェラー財団理事ファーズ博士はいう。「志保のアドバイスはきわめて公平だった」

坂西との出会い、そして坂西の人となりとその能力について、ファーズは次のように言う。

〈私は、いろいろな時にいろいろなことで、志保にお会いしている。最初は一九三〇年代にアメリカ議会図書館で、そして一九四七年には東京で、さらにその後は、大磯の素晴らしい坂西邸でお会いした。（黒田良信氏の「坂西さんとアメリカ議会図書館」によると、「坂西が議会図書館に就職した一九三〇年代のはじめのころ、日本研究の基礎をつくったヒュー・ボートンやファーズは大学院の修士課程の学生であり、エドウィン・ライシャワーは大学に在学中だった」とある・註）

志保のアドバイスはいついかなる場合も貴重だったが、特にロックフェラー財団の日本人作家フェローシッププログラムでは、最大限、彼女に頼ることになった。志保のアドバイスは、常に思慮深く、賢明で、思いやりがあり、そして何より公平だった。志保のようなアドバイザーは、世界中を見回しても、きわめて稀な存在だった。〉（A Free Spirit by Charles B. Fahs、『坂西志保さん』所収）

ファーズについては、前掲梅森論文（「ロックフェラー財団と文学者たち」）に詳しい。

ファーズは一九〇八年、ニューヨークで生まれ（坂西より十二年下である・註）、ノースウエスタン大学（政治学）を卒業後、ベルリン大学に留学。ノースウエスタン大学大学院に戻り一九三三年博士号を取得。パリ、京都、東京で日本語、日本文化、日本政治を研究した。エドウィン・ライシャワーとはパリで出会い、生涯の友となる（ファーズはライシャワーより二歳年長・註）。

一九四一年、ＯＳＳ（第二次世界大戦時のアメリカ政府機関である戦略課報局、ＣＩＡの前身・註）で極東の調査戦略部門の責任者となる。

戦後は、ロックフェラー財団の副理事、さらに理事に就任する。財団の人文部門のプログラム、日本関連の事業に大きな影響力を持った。財団理事辞任後は、ライシャワー大使の要請で駐日アメリカ大使館参事官、公使となり、一九六七年まで日本に滞在した。

金志映氏は、ロックフェラー財団の資料から、一九四八年（昭和二十三年）一月二十六日付のファーズの覚書を見つけている。（前掲金論文「ポスト講和期の日米文化交流と文学空間」）

ファーズは覚書の中で、連合軍による日本の占領は「表面的には成功、根本では失敗」との評価を下していた。そうした認識をもとに、ロックフェラー財団のプログラムは日本の高等教育の分野にも進出すべきだとし、比較文学研究の発展などをも示唆した。文士たちのアメリカ留学は、占領政策の失敗を取り返すための有効な手段だと判断した。

ファーズは、親しかった坂西に文士たちの留学プロジェクトへの協力を要請し、坂西はファーズの構想に諸手を挙げて賛成した。

坂西は、庄野潤三の『ガンビア滞在記』（中公文庫版）に長文の解説を寄せているが、ファーズ構想を聞かされた時の感想を、まず、

〈幸い占領は平静に、また人道主義に基づいて、敵国人ではあるが生きる権利を保障され、最低生活を許されていた。ただ矢継早にいろいろの改革が行なわれ、私たちはすべて〝進駐軍の命により〟という一句をお念仏みたいに唱えて命令に服した。要は一時も早く軍国主義の精神とそれに伴って来た風俗習慣を脱皮し、民主主義を受入れることにあった。〉（中公文庫版『ガンビア滞在記』坂西志保「解説」）

と述べ、さらに、

〈民主主義は日本の風土に適さないという意見も出るし、といって連合軍がきめた日本民主化は一種の宿命みたいなもので、それから脱出するなど全く不可能であった。（略）為政者が祖国の悲劇と半ば飢餓状態にあった一般国民に対して申し訳ないと詫びていた時代はとっくにすぎて、民主主義の生活を打立てるためにはどうしたらよいかという大きな課題と取組み、前途はまっ暗で途方に暮れていた。その時、ロックフェラー財団の文化部長で、基金の授与を担当していられたチャールズ・B・ファーズ博士が来日された。博士は京都大学に学ばれ、日本語が堪能で、終戦後各年毎に日本を訪れ、私たちが当面している困難な問題をよく知っていられた。そして、戦前ロ財団が日本の学術団体や大学に援助を、また教授や研究者を海外に留学させて下さったりした例に鑑み、敗戦国の日本で創作活動に従事している人たちを一年の予定で海外に派遣するこ

とにしたいといわれた。これをきいて私は飛び上るほどよろこんだ。〉（同）

とある。

†明治維新へのマルクス主義史観に対抗しなければならない

松田武氏の『対米依存の起源　アメリカのソフト・パワー戦略』によれば、ファーズは、戦後の早い時期からロックフェラー財団の対外文化戦略に深くかかわっていた。

一九五一年（昭和二十六年）一月二十二日、時のトルーマン大統領は、ジョン・フォスター・ダレス（のちアイゼンハウアー政権下で国務長官）を、講和使節団の団長として日本に派遣した。

ダレスは、ロックフェラー財団の理事を長く勤めており、この時は同財団の理事長に就任していた。

ダレスは、日本に行くにあたって、ジョン・D・ロックフェラー三世に文化担当の顧問として講和使節団に加わることを求めた。その要請を快諾したロックフェラー三世は、財団の人文科学部門長に就任したばかりのファーズやハーヴァード大学のエドウィン・ライシャワーらに意見を求めた。

〈ロックフェラーはファーズに強く印象づけられた。というのは、ファーズは、「日本についての驚くほどの知識」と、ロックフェラーの任務に関する「非常に創造的なアプローチ」をロックフェラーに提供したからである。またロックフェラーは、ライシャワーから日本で接触すべき人物のリストを手にした。〉（松田武『対米依存の起源　アメリカのソフト・パワー戦略』）

加えて、

〈ダレスは、東京での任務について、ロックフェラーには二つの重要な任務があると説明した。その一つは、日本における米国の文化活動の所管を「総司令部から国務省に移すこと」であり、もう一つは、「長期的な日米文化関係プロジェクト」を構想かつ企画することであった。ロックフェラーは、その難しい任務を遂行するには、ダレスの「全面的な支援」が是非とも必要だと感じたので、東京へ出発する前にダレスから「自分（ロックフェラー）の思うようにしてもよい」との白紙委任を手にいれた。〉（同）

ロックフェラー三世を補佐するファーズの助言は、おおよそ以下のようなものであった。それは、日本の近代に関することでもあったが、

〈一般に、近代日本史において極めて重要な時期は、近代日本の築かれた一九世紀後半であると

考えられている。特に、マルクス主義指向の強い研究者にとって明治維新は歴史研究の焦点であり続けてきた。ファーズは、日本に高まりつつあるマルクス主義の影響に対抗するために、緊急に何かを行う必要性を痛感していた。彼によれば、「マルクス主義史観に立つ明治維新の歴史解釈が、現在の日本の位置づけと、日本が将来においてなすべき課題を考える際の基礎になっている」ということであった。（略）

ロックフェラー財団は、そのミッション声明文において、同財団は政治的中立の立場をとること、民間団体として政府との間に一定の距離を置くことを謳っていた。しかし、ファーズは、五六年度のロックフェラー財団の助成金の受給者を最終選考する際に、日本におけるマルクス主義に対抗することが重要な要件であったことを後に認めた。このことは、ロックフェラー財団の声明文の内容にもかかわらず、同財団が、文化冷戦の絶頂期において中立性を維持することがいかに難しかったかを物語っている。〉（同・傍点引用者）

†安岡章太郎の感想、「坂西さんには、志士的なオモカゲがあった」

坂西がファーズの意図をどの程度知らされていたかは不明だが、坂西は、ロックフェラー財団による日本人作家留学プログラムに積極的に参画することになる。

同時期、坂西は、労働省労働審議会委員、選挙制度調査委員会委員、日本ユネスコ国内委員会委員、憲法調査会委員、国家公安委員会委員などに就いていた。

文士たちをアメリカに送ることに腐心した坂西だが、自らは昭和三十八年になって初めて国務省の招待を受け、アメリカ各地を訪問した。

交換船で帰国以来、およそ二十年ぶりのアメリカ訪問である。

そしてこの時、江藤淳の留学先プリンストンを訪ねている。

江藤は、のちに、「かつての日本は、敗戦とともにというよりはむしろ占領中に、アメリカによって亡ぼされたのかもしれない」（「〝近代以前〟と〝近代以後〟」『毎日新聞』昭和六十二年二月七日）といっている。

坂西が江藤と同様な考え方をしていたとは思われないが、ふたりの間にはなにか響きあうものがあったのだろう。

江藤は、坂西のプリンストン訪問について書いている。

〈わたしがアメリカにいる間に、坂西さんがプリンストンに来られたことがあります。それが、戦後はじめての訪米だというので、びっくりしましたけどね。わたしは、坂西さんは毎年のようにアメリカに来ておられるので、あれほど事情に通じておられるのだとばかり思っていました。〉（江藤淳「坂西志保さんのこと」、『続々こもんせんす』所収）

ファーズの回顧にあるように、たしかに坂西は公平な人である。

自分よりまず他人を先にする姿勢があった。

文士たちへのロックフェラー財団のアメリカ留学プログラムの最後のひとりが江藤であったから、あるいは自らが参画した計画の成果をたしかめたくて江藤を訪問したのかもしれない。


〈坂西さんは、久しぶりにアメリカを再訪された感想を訊かれて、こういっておられた。「いったい世の中がこんなに贅沢になり、豊かになっていいのでしょうか。わたしがアメリカにいた頃は、こんなではなかった。電気冷蔵庫も、電気洗濯機も、車もこんなに普及していなかったし、万事がこれほど贅沢ではなかった。みんなもっと地味な生活をしていたのに、この豊かさはなんということでしょう。すばらしいけれども、これでは人間がスポイルされてしまうのではないかと、それが心配です」

これをきいて私は二重におどろいたんです。一つは、坂西さんが米国で生活しておられた戦前のアメリカが、地味な国だったことを知ったおどろきです。そしてもう一つは、アメリカ的生活の学ぶべき所以《ゆえん》を日頃力説してこられた坂西さんが、（略）繁栄をきわめていたアメリカの自己満足をズバリと批判されたことに対するおどろきだった。

これはこの人が、ほんとうに誠実なアメリカの友だったということを、あらためて感じさせる逸話だと思います。〉（同）

江藤は、坂西が過剰ともいえるアメリカの繁栄を見逃していなかったことを指摘した。

安岡章太郎も、坂西が端倪すべからざる人であったことを書いている。

〈坂西さんのことを考えると、私はいろいろの意味で忸怩たる想いがあるが、それはここでは書けない。要するに、坂西さんは私を或るとき非常に評価して下さったが、私はそれにまったくこたえることが出来なかったわけだ。だから「坂西さん」ときくと、それだけで逃げ出したくなるような気持であるが、一方には何ともいいようのない懐かしさのようなものがある。元来、私は自分と同じように下らない欠点を持った人間が好きで、そこに同類相寄る親しみをおぼえるのであるが、坂西さんにはそういう欠点のまったくない人だ。いや私に似ていないばかりでなく、日本人に共通の欠点といわれるようなものが、坂西さんにはほとんどアテはまらなかったように思う。しかし坂西さんが日本人でなかったかといえば、無論そんなことはない。何か明治初期の自由民権論から出た清教徒が、そのまま現代に生き残ったというような、そんな志士的なオモカゲがあった。〉(安岡章太郎「独立の人」、『坂西志保さん』所収)

第三章

阿川弘之は「原爆小説」を書いたから、アメリカに招かれたのか

†阿川の原爆小説『魔の遺産』は、アメリカ批判小説なのか

阿川弘之は、ロックフェラー財団創作フェローシッププログラムの五人目の留学生だった。この時、阿川は三十四歳。それまでの四人の「留学生」、つまり福田恆存のアメリカ渡航時四十一歳、大岡昇平の同四十四歳、石井桃子の同四十七歳、中村光夫の同四十四歳にくらべると大分若い。

阿川は、いう。

〈昭和二十九年の秋ごろだつたと思ふが、坂西さんから、そのあとを（福田、大岡、石井、中村のあとの意・註）私にといふ話があつた。ドクター・ファーズが来日中だから会ひに行くやうにと言はれ、帝国ホテルの旧館でお眼にかかつた。ファーズさんに、

「われわれの財団で日本の作家を何か援助するとしたらどういふかたちが望ましいと考へるか」

とか、

「英語はどの程度出来るか」

とか、一般論のやうなことを色々質問された。私は、

「援助と仰有つても、文学の場合、経済的援助を与へればいい作品が生れるとは限らないので、それは大変むつかしい御質問だと思ふ。英語はさつぱり出来ません」

と日本語で答へ、出たばかりの「魔の遺産」を一冊献呈して帰つてきた。〉（『阿川弘之自選作品』Ⅲ「作品後記」）

『魔の遺産』は、原爆投下後のヒロシマを真正面から扱った小説である。「年年歳歳」、「八月六日」あるいは『春の城』などにつづく作品で、克明な取材に基づいて被爆地広島を描き、しかも長編だった。

阿川は、ファーズとの面接について、さらにいう。

〈「魔の遺産」にはアメリカの政策に対する批判的なことをずゐぶん書いてゐるし、この面接は落第だつたかも知れないと思つてゐたら、しばらくして、アメリカへ帰つたファーズ博士から手紙が来た。

「当財団のフェロウに選ばれた場合、アメリカへ来て何を研究したいかはつきりさせること。出発までにしつかり英語を勉強しておくこと」

と、二つの条件が提示してあつた。私には福田恆存さんのシェークスピア、石井桃子さんの児童文学児童図書館のやうな特別の感心事が無いので、甚だ困惑した。窮余の一策を思ひつき、

「英語の勉強をすることはお約束する。しかし、五ケ月や六ケ月俄か勉強をしてみても、大学の講義が聞けるやうになるとは、自分で到底考へられない。それより、私は広島育ちだから、移民問題に興味がある。行かせてもらふなら日系アメリカ人の社会と生活を見てきたい。これなら、英語があまり出来なくてもやれるのではないでせうか」

といふ意味の返事を出した。〉（同）

阿川にはへそ曲がりなところがある。

阿川は〝陸軍嫌い〟である。その理由を、陸軍には海軍のようなフレキシビリティがないからだといっているが、『私の履歴書』のなかに、海軍予備学生受験の際の口頭試問の場面が出てくる。

〈第三問、

「お前は何故海軍を志望したか」

それなら簡単明瞭、待ってました。

「はい。陸軍が嫌いだからであります」

あとで考えて、反軍思想の持ち主と取られかねない返答だったなと思ったが、実際は、試験官がにやッとしただけですんだ。〉（阿川弘之『私の履歴書』、新聞連載による現代かなづかい・註）

ファーズ博士と阿川との間の禅問答のような「英語問答」にも、これに似た空気がある。結局、移民した日系アメリカ人のことを見聞するのなら英語ができなくてもやれるのではないか、という阿川の主張が通って、アメリカ行きは決まった。

しかも、福田や大岡の場合と違い、ペア社会のアメリカを見るには、単身では何かと不都合だろうと、阿川以降は、夫人同伴での留学となった。

当時、阿川は出世作となる『雲の墓標』を『新潮』に連載中だった。岩波書店から出ていた新書版『志賀直哉全集』の実務担当者でもあった。

†阿川弘之、庄野潤三、幼い子供たちをあとにしての旅立ち

阿川は、夫人とともに昭和三十年十一月にプレジデント・クリーブランド号で横浜を発った。長男阿川尚之氏（慶応義塾大学名誉教授）は当時四歳、長女阿川佐和子氏（エッセイスト、作家）は満二歳になったばかりだった。

『阿川弘之全集』第二十巻の自筆「年譜」によれば、「子供二人は郷里の兄の家に預けた」とある。一年間日本をあけるのは、そう簡単なことではない。

庄野潤三の場合も、三人の子供をやはり日本に残しての留学だった。庄野の回顧である。

〈私が妻とクリーブランド号で横浜を離れたのは三十二年の八月下旬であったが、その二日前に、これから一年間、祖母と一緒に暮す三人の子供と私たちを国際文化会館に招いて、坂西さんは昼食を御馳走して下さった。

妻は、こんな場所へ来たことのない子供が、うっかりして海老フライをお皿から飛ばしたり、スパゲッティを落としてテーブル・クロスを汚しはしないかとはらはらし通しであったとあとで私に話した。どうにか無事に終り、坂西さんはうしろの木立で蝉の鳴いている庭へ誘ってくれた。六つになる真中の男の子が、

「ここ、おばさんのおうち?」

と聞いた時、さすがの坂西さんも面喰って、小母さんはそんなお金持じゃないのと笑いながらいわれた。〉（庄野潤三「二十年前」、『坂西志保さん』所収）

この庄野一家との昼食会は、坂西の印象に残り、坂西は、

〈庄野さんたちは三人のお子さん持ちである。（略）私が庄野さんに奥さんを連れて一年留学の相談を持ちだした時無理だと思ったが、たってお願いした。承諾された時私はほっとした。お立ちになる前に庄野さん一家を国際文化会館にお招きしてお昼を差上げた。一番上のお嬢さんが十歳位であったろうか、弟さん二人のお世話をしているのを見守っていて私は胸が痛くなり、奥さんのお気

持を察してつらかった。〉（中公文庫版・庄野潤三『ガンビア滞在記』坂西志保「解説」）

と述べている。

第一回留学生の福田恆存は、単身での留学ではあったが、残していく家族たちの経済問題という心配があった。

〈恐らく出発前のことだと推測するが、幼かつた私の記憶に、ある風景が残つてゐる。茶の間で両親が真剣な顔で我家の経済状態を話してゐた記憶があるのだ。幼いなりにさう理解したのだらう。洋行前後の父の仕事量は相当なものがあり、新聞小説（『謎の女』、「新大阪新聞」などに連載・註）にまで手を出してゐる。恐らく、留守宅の経済状態はそれなりに厳しいものがあつたに違ひない。〉（福田逸『父・福田恆存』）

当時福田は、D・H・ローレンス作、伊藤整訳の『チャタレイ夫人の恋人』の特別弁護人をつとめていた。

昭和二十七年の東京地裁で『チャタレイ夫人の恋人』は、「猥褻ではないが誇大な広告のため猥褻文書の如き」という判決があり、伊藤整は無罪、出版社は有罪だった。

被告側が上告し、同年十二月の東京高裁判決で伊藤、出版社とも有罪（罰金刑）となったが、多

忙をきわめていたこのころ、福田は坂西の訪問を受けた。（チャタレイ裁判は、のち昭和三十二年、最高裁が上告を棄却）

〈坂西志保女史が、私より少し遲れて大磯へ引越して來た。當時はGHQに勤めてゐて（「坂西志保年譜」によれば、坂西は昭和二十年のうちにGHQを辞めているが・註）、マッカーサーとも親しかつたが、その坂西さんが突然私に向つて一年ばかりアメリカに行つて來ないかと言ひ出したのである。あれは確か昭和二十七年頃のことだつたと思ふ、なんでもロックフェラー財團がクリエイティヴ・フェローシップといふ制度を設け、財團の人文科學部長をしてゐるファーズ博士といふのが近いうちに來るから、よく話を聽いてみろといふ。外國に行けるのはありがたいが、若いうちならともかく、四十過ぎてアメリカン・ウェイ・オブ・リヴィングを一年がかりで勉強するといふのは、考へただけでも遣り切れない思ひがする。クリエイティヴといふからには、勉強の仕方も自分でクリエイトしていいはずだ、それに金をくれるとはいふけれど留守家族はどうするつもりだらう、大學教授だつたら、一年留守にしても月給はちやんと出るが、原稿で飯を食つてゐる人間は出征兵士同然だ、家族の面倒は見られない…〉（『福田恆存全集』第二巻「覺書二」）

安岡章太郎と同じく福田の口から〝出征〟という言葉が出てくる。

福田はファーズと帝国ホテルで二度、三度と会ううちに「出たとこ勝負でやろう」と腹をくくる。

〈ロックフェラー財團は（略）こちら側の自由を最大限に許してくれはした。それでも、何をしたいか、その目的を言はねばならず、これには大分往生した。私はなるべく向うへ行つてからの自分の行動を縛られないやうに氣を附け、「一般アメリカ人の生活においてクリスト教は如何なる影響力をもつてゐるか」を知りたいと申し出た。これなら別に何もしなくてもいい、ただアメリカで暮してゐれば目的は達せられる。〉（『福田恆存全集』第三巻「覺書三」）

†阿川は聞かれた。「財団のお金でバクチするんですか」

さて、阿川の場合である。

プレジデント・クリーブランド号の最初の停泊地はハワイであった。

ここに一ヵ月滞在し、日系人社会の研究なら西海岸でというファーズ博士の助言にしたがって、ロサンゼルス、サンフランシスコ、ポートランド、シアトルと旅を重ねて、カリフォルニヤのモントレー半島に落ち着く。

坂西からの「勉強なんかそんなにしなくていいから、せいぜい友達を作っていらっしゃい」との忠告をいいことに、阿川が「研究」に精を出した形跡はない。

財団の規約を無視して中古車を買い、日本人の留学仲間とラスベガスへ遠出したこともあった。

〈アメリカの友人に、

「ロックフェラー財団のお金でバクチをするんですか」

と真顔で聞かれたが、詭弁を弄すればこれも文学の肥し、中古自動車を買つたのは、カリフォルニヤで車が無かつたら身動きがとれないからである。

その点、在団の方も大様なものであつた。一度、

「It has recently come to our attention.」

といふ書き出しで、許可を得ずに車を乗り廻してゐることに対し注意が来、どこかから監視の目は光つてるらしいなと思つたが…〉（『阿川弘之自選作品』Ⅲ「作品後記」）

財団から提供される月々の生活費は夫婦合わせて四百ドルだった。それに旅費が出る。夫婦二人の暮らしに不自由はなかった。

アメリカ滞在中の義務は二ヵ月に一度財団に簡単な研究レポートをだせばいい。

〈夏になつてモントレーでの生活を切り上げ、ニューヨークへ移つてロックフェラー財団に顔を出したら、さすがに担当官のロバート・ジュライさんが、笑ひながら、

「毎回レポートを面白く読んでゐるけど、もう少し突つ込んだ分析が欲しい」

と言つた。そりやさうでせう、その上「日系アメリカ人の研究」と関係の無いヨーロッパ旅行ま

で認めてもらひ、帰国後でいいと言はれたまとめの報告もつひにほつたらかしで、私はファーズ博士、ジュライさんの立場を考へると、申訳ない気がしてゐた。〉（同）

しかし、この暢気きわまる阿川の筆致にくらべて、ロックフェラー財団から阿川に留学の白羽の矢が立ったのには、もう少し複雑な事情があったようだ。

✝原爆投下とヒロシマと阿川の立場

広島への原爆投下である。

金志映氏の論文、『阿川弘之における原爆の主題と「アメリカ」』は、阿川の招聘について財団内部で慎重な検討がなされていたことを物語っている。

阿川の記憶ではファーズ博士の面接を受けたのは、「昭和二十九年の秋ごろ」（『阿川弘之自選作品Ⅲ「作品後記」、前出）だったが、金論文によれば、ファーズ博士の同年五月一日付日記にはすでに、坂西が新しい留学生の候補として阿川を推薦していたことが記されている。

ファーズは、坂西の推薦を受けると早速、ダニエル・メロイ（アメリカ領事）に阿川のことを照会した。

メロイは、阿川と親しく阿川のエッセイ「降誕祭フロリダ阿房列車」には「ダニエル・メロイは古い古い友人で、私と同じ大正九年申歳の生れ」とある。
メロイの返事は以下のようなものであった。

〈広島以外の主題に基づく阿川の作品は、好意的な評価を受けていない。それどころか、批評家たちによって厳しく論評されたこともあった。従って私は、広島への関心を超えて阿川が発展していけるのか、もしそうだとすればどのような方向性へと進むのかを考えていた。（中略）あなたが仰有ったような奨学プログラムは、今の時期の阿川にとって、彼がこれまでに観た日本や中国からさらに世界を広げ、日本を見る際の視野を拡げる上で大きな価値があると考える。〉（金論文）

「メロイ書簡」に中国とあるのは、戦時中、阿川が海軍将校として上海から漢口へ派遣されていたことを指す。

漢口で玉音放送を聞く。翌昭和二十一年二月、大尉（いわゆるポツダム大尉）に昇進していた阿川は、部下とともに揚子江を下り、抑留所で船待ちをした後、三月末、博多へ上陸し、復員した。

戦後、作家としてスタートした阿川に小説となる題材があるとすれば、この中国体験と郷里広島への原爆投下が中心になることは当然である。

だが、アメリカにとって中国はともかく、原爆投下とその後のヒロシマを扱う作品は、微妙な意味を持っていた。

昭和二十九年三月、ビキニ環礁で水爆実験があった。実験場付近で操業していた第五福竜丸が〝死の灰〟を浴びた。実験の実施が前以て知らされておらず、日本国内はアメリカへの非難で沸騰した。

そのアメリカ非難の高ぶりはそのまま、翌年、広島で第一回原水禁世界大会の開催へとつながっていく。

当時、ロックフェラー財団留学生としてすでにアメリカにいた大岡昇平は、その著『ザルツブルクの小枝　アメリカ・ヨーロッパ紀行』で水爆実験に触れている。

大岡は、前年十一月一日にサンフランシスコ港に到着していたが、ビキニ実験が起こるまでの五ヵ月間、アメリカのマスコミに出る日本関係の記事があまりに少ないのを嘆いていた。

正月の皇居二重橋での圧死事件と、ＭＡＳ協定（日米相互防衛援助協定）と、雲仙のゴルフ場でカラスがゴルフボールをくわえて飛んでいったという事件ぐらいしか目につかなかった。

ところが、第五福竜丸事件以来、急に日本に関する記事が増えた。

大岡は怒りに震える。

〈米国の一般市民は、（略）日本の漁夫の将来よりも、ソ連の同じような爆弾がアメリカへ落ちる可能性の方が重大な問題である。少くとも新聞雑誌はそっちへ関心を向けようとしている。ネールの実験中止提案に対して、何故ソ連の実験のことに触れないのかと非難している。（略）

二人或いは四人の重症患者のことを考えると憤慨に堪えない。アメリカの新聞の論調は最も侮蔑的なものだ。（略）

ただしニューヘヴンの酒屋のおやじの説によるとこうである。

「だって日本はアメリカと条約を結んで、一心同体になったんじゃないか。水素爆弾は自由世界がソ連に対抗するために是非必要だ。少しの犠牲は我慢してくれてもいいじゃないか」

これが吉田内閣が締結したサンフランシスコ条約の効果である。〉（大岡昇平『ザルツブルクの小枝 アメリカ・ヨーロッパ紀行』）

大岡は別な所でも、水爆実験について言う。

〈「向こうにいるうちにビキニの水爆実験で第五福竜丸が死の灰をかぶるというのがあり、それに対するアメリカ人の反応が癪にさわって、おれはやっぱりアメリカから金なんかもらうんじゃなかったと後悔した。でも、あの頃は外国へのヴィザは、招待がなければ絶対出国できないんだよ。しかも一年くれる。おまけに一日十ドルの手当てつきで。」〉（大岡昇平　埴谷雄高『二つの同時代史』）

†阿川の留学は、財団にとって最大の成功だったのだろうか？

金論文は、阿川の留学はロックフェラー財団の内部評価として、「留学制度の最も成功した事例として評価された」ことを紹介している。

つまり、留学としてのアメリカ体験が、原爆とヒロシマを書くだけの作家から卒業させ、新しいテーマに挑む作家として、阿川を再出発させるきっかけとなったという判断である。

ロックフェラー財団の評価と判断は、もちろん阿川本人には伝えられてはいないが、この財団の評価は、正鵠を射たものだろうか。

「年年歳歳」は、復員した主人公がその足で広島の実家に父母の安否をたずねる私小説的作品だが、原爆投下後の広島の、見渡すかぎりの荒涼たる光景が描きだされている。

この作品は、志賀直哉の推輓によって『世界』（昭和二十一年九月号）に掲載されたいわば阿川の〝処女作〟だが、原爆の後遺症に言及している部分がＧＨＱによって検閲の対象となった。

堀場清子氏（詩人・評論家）は、メリーランド大学のプランゲ文庫で原爆関連の検閲文書を渉猟し、『原爆　表現と検閲　日本人はどう対応したか』を上梓している。

同書によれば、「年年歳歳」でのＧＨＱ検閲官による削除部分は次の通りである。

〈「比治山へ逃げて、たどり着いてから緑色のげろを吐いて沢山死んで行つたつて。（略）植物なんか畸型が沢山出来てるからね」
〈事前・削除・虚偽・公安を妨げる〉〉

ここで、「事前」とあるのは、堀場氏による資料の分類法で、事前検閲のことであり、「削除」というのはそれに対する処分である。「虚偽・公安を妨げる」というのは、その処分理由を指す。この削除部分は、のち、GHQによる検閲制度の終了後、作品集などに収録の際、阿川の手によって書き直されている。

阿川は、「年年歳歳」について、こう述べている。

〈宮本百合子女史が、（略）「霊三題」と併せ、「日本評論」の時評（昭和二十二年五・六月号）で、「子供っぽい作品という批評もあったようですが、けれど、本当に、たゞ子供っぽい、といわれるきりのものでしょうか」

と言つて讃めてくれた。嬉しかつたが、宮本百合子さんに讃められるといふのは少し意外であつた。〉（『阿川弘之自選作品』Ⅰ「作品後記」）

富岡幸一郎氏は、「年年歳歳」を高く評価する。

〈『年年歳歳』は、その戦争の悲劇を決して声高く、叫ぶところがない。ヒロシマについて語るとき、「作品より作者が前面に出る」といった文学が少なからずあることを思うとき、この作品の底に流れている、おだやかさと静けさは、きわめて強いインパクトを逆に読者に与えずにおかないだろう。〉（富岡幸一郎『文芸評論集』）

「八月六日」は、「年年歳歳」とくらべれば記録といったほうがよい内容を持ち、広島の人々の被爆体験がより具体的に書かれている。

阿川は、いう。

〈文学作品に対する進駐軍の検閲がきびしかつたころで、雑誌「新潮」の編集長から、「パスするかどうか分らないが、とにかく組んでみる」と言はれた。

後遺症の問題にも触れてゐないし表立つたアメリカ批判もしてゐなかったので、どうにか検閲を通過して発表出来た。〉（『阿川弘之自選作品』Ⅱ「作品後記」）

「八月六日」は昭和二十二年の作品である。

事前検閲の時代だったから、発行前にゲラをＧＨＱに届ける必要があった。

†戦争と原爆と検閲と

原爆と検閲の問題については、さらに、繁沢敦子氏（ジャーナリスト）の『原爆と検閲　アメリカ人記者たちが見た広島・長崎』という著書がある。

検閲というと、一般にはＧＨＱから日本の報道なり出版物への検閲を思い浮かべがちだが、戦時中のアメリカは、自国内の報道や作品等の発表に対しても厳しい検閲制度を布いていた。

繁沢氏の研究は、日本の敗戦直後、アメリカから多数のジャーナリストが原爆投下後の状況を取材しようと広島、長崎に殺到したにもかかわらず、実際に報道されることが少なかったのはなぜなのか、その疑問を追ったものである。

繁沢氏は、アメリカの検閲制度について、こう書く。

〈米検閲局が設置されたのは、日本軍による真珠湾攻撃から一二日後の一九四一年一二月一九日である。ローズベルト大統領はその三日前、検閲局長にＡＰ通信社のニュース編集主幹バイロン・プライスを任命し、次のような声明を読み上げた。

すべてのアメリカ人は、戦争を嫌うように検閲も嫌う。しかし、この国および他のすべての国々の経験が示すように戦時におけるある程度の検閲は必要不可欠である。そしてわれわれは現在、戦争の渦中にある。現在重要なことは、必要とされているような検閲の形態が効果的に運営され、私たちの自由な制度にとっての最良の利益と調和することである。〉（繁沢敦子『原爆と検閲　アメリカ人記者たちが見た広島・長崎』）

原爆開発はもちろん秘匿された。
繁沢論文は、検察局が携わる多くの業務の中で原爆報道に関する検閲が最大のものだったという。そして、アメリカ人記者が取材のために広島、長崎を訪れながら、原爆投下による惨状を報道することの少なかった理由をこう結論づける。

〈GHQが占領下日本で検閲を行ったことが、被爆の実相についての無知や無関心を引き起こしてきたし、世界に被爆の惨状が伝わらなかった一つの原因だと、言われてきた。そして、戦後直後にもっと広く実相が伝えられていれば、核兵器をめぐる世界の状況は変わっていたのではないかとも言われてきた。しかし、実際にはGHQの検閲は戦時中に米国が行った検閲の延長線上であったし、そうした検閲は愛国心や、平等に戦争の負担を担うべきとする、強烈な横並び意識によって支えられている。（略）
米国人の核意識は、検閲やプロパガンダの影響よりも、個人の愛国心や国に対する誇りといったものに根ざしているのかもしれない。

それは広島と長崎を見たジャーナリストたちについても言えた。彼らのほとんどは特派員である前にアメリカ人だった。もっとも強力な検閲官は、彼らや本国の編集者の一人ひとりの心のなかに存在していた。そしてそれは、だれの心のなかにも潜んでいるものなのだ。〉（同・傍点引用者）

原爆報道を控えさせたもっとも強力な検閲官とは、検閲そのものより、ジャーナリストたちの愛国心に根ざした「自己規制」だった、という。

十分に首肯できる見方である。

江藤淳は、すでに、『閉された言語空間　占領軍の検閲と戦後日本』という浩瀚な本を書いていた。そこでは、「戦時下のアメリカが検閲を国内でいかに準備し、それを占領期の日本でいかに実践していったか」の事例を事細かに提示した。

この検閲研究の途次、江藤は面白い経験をしている。

ワシントンのウッドロー・ウィルソン研究所でベトナム戦争を振り返るシンポジウムが行われた時（一九八〇年）のことである。

ベトナム戦争当時のディーン・ラスク国務長官もこのシンポジウムに招かれていた。

〈（フロアの一隅でじっと座っていた）ラスク元国務長官は、シンポジウムの最後に手を挙げて、肺腑をえぐるようなことを言ったのである。

「今までいろいろ貴重な意見を承ったけれども、私はこの戦争は失敗だったと思っている。そのことについては御異存はないでしょう」

皆シーンとしている。ラスク元国務長官は続けた。

「何故失敗だったかといえば、合衆国政府はベトナム戦争では一度も検閲をしなかったからだ。過ぐる第二次世界大戦においては誠に酷烈なる（ストリンジェント）検閲を実施して戦争に勝ち抜いたのに、ベトナム戦争では検閲すらきちんとやらなかった。したがって我々は銃後の国民の支持を得ることができなかった。

考えてもみたまえ。自分の息子や恋人や夫がベトコンに惨殺されていく画面を毎日のように見ている国民が、この戦争を続けましょうという政府の呼びかけに積極的に応えるわけがない。ああした報道の下では、どんな政府でも、戦闘を続行することなど不可能だ」

ラスク元国務長官がこう言ったとき、シンポジウムの会場は満場水を打ったように静かになった。とくに、反戦を叫び続けていたニール・シーハン（「ペンタゴン・ペーパーズ」に関わった元ニューヨークタイムズ記者・註）が、一言も反論せず厳粛な顔をしてうなずいていたのが印象的だった。〉（江藤淳「『1946年憲法』廃止私案」『SAPIO』平成三年五月九日号）

†「年年歳歳」と「八月六日」の『日本の原爆文学』からの排除と、阿川の言い分

阿川の「年年歳歳」と「八月六日」の二作品は、山本昭宏氏（神戸市外国語大学准教授）の論文「占領下における被爆体験の『語り』——阿川弘之『年年歳歳』『八月六日』と大田洋子『屍の街』を手がかりに——」によれば、原爆小説の領域に入れられていないという。

〈思えば、体験者が原爆被害を克明に書いた作品や、アメリカの投下責任、日本の戦争責任をテーマにした作品が「原爆文学」とみなされてきた傾向は否定しがたく、阿川の作品はその範疇に入らないものとされてきたのかもしれない。いずれにせよ、阿川の作品は、一九八〇年代前半に「核戦争の危機を訴える文学者の声明」の署名者たちが企画、編集した『日本の原爆文学』（全一五巻、ほるぷ出版、一九八三）からは排除されている。阿川が軍人を主人公とする小説を書き、保守系論壇で活躍し始めていたことが、『日本の原爆文学』からの排除に関係していたのだろうか。〉（前掲山本論文）

阿川自身は、昭和四十年（一九六五）に刊行された『昭和戦争文学全集』の編集委員として、同全集の第十三巻「原子爆弾投下さる」に掲載する作品を選択し、解説を書いている。自作品の中から「年年歳歳」と「八月六日」を収録作品として選んでいる。

全集の「解説」で、阿川は原爆について次のように書いている。

〈アメリカに留学中の日本の青年と、アメリカ人の青年とが、前の戦争の話で言い合いになると、片方が真珠湾を持ち出し、片方が広島を持ち出すというのが、よく見られる例であるが、真珠湾は軍事施設に対する雷爆撃にとどまっているのに対し、広島は、戦闘員非戦闘員をふくめた、皆殺し的な攻撃であった。（略）

戦争が終わって二十年経ち、広島、長崎に落された原子爆弾について、私たちはもはや許していい時であり、出来ることなら忘れてもしまいたい。

しかし、それと、二十年前の八月、日本の二つの都市でどんなことが起こったか、今後地上で核分裂兵器が使用されたら、どんな状態が起こり得るかを、考えないでいいかどうかは、これまた別の問題であろう。

近年、八月六日、原爆記念日の広島は、イデオロギー闘争、政治闘争の舞台にされている観があり、一般市民は顔をそむけているというが、原子爆弾に対する日本人の、割り切れぬ気持ちを、政治的な闘争の具として一つにまとめようとする運動のある一方、原子爆弾のことにふれるのは、反米であり赤の手先であるという考えが、アメリカにも日本の一部にも根強く存在しているのは、私たちの不幸のように思える。〉（昭和戦争文学全集』第十三巻「原子爆弾投下さる」阿川弘之解説。全集の編集方針により現代かなづかい・註）

『昭和戦争文学全集』第十三巻には、阿川の二作品のほか、蜂谷道彦『ヒロシマ日記』、永井隆『長崎の鐘』、原民喜『夏の花』、峠三吉『原爆詩集』、長田新編『原爆の子』、檜垣千柿『短き夜の流れ星』、石井一郎『ヌートリアの思い出』、浮気モト『四十八願』、横山文江『甲神部隊の父』、尾崎静子『子供らとともに』、大田洋子『人間襤褸』が収められている。

阿川は、『原爆の子』への解説で、こう述べている。

〈多くの作文が、戦争中の子供の皇軍礼讃、米英撃滅をちょうど裏返しにした口調で、平和を唱え、戦争への憎悪を訴えているが、教師に（多分）教えこまれたそういう観念性が強く出ているものほど、手記としてはつまらない。原著に収められている作文は、夥しい数に上っているが、辛うじて此の十四編だけを採った。〉（同）

†『魔の遺産』のどこが問題だったのか

さて、阿川の『魔の遺産』は、昭和二十九年（一九五四）に新潮社から出版されたが、増刷されることはなく、『阿川弘之自選作品』（一九七七年〜一九七八年）や『阿川弘之全集』（二〇〇五年〜二〇〇七年）に収録されることによってふたたび陽の目を見るが、平成十四年（二〇〇二）、文庫本としてPHP文庫に収められた。

文庫本の解説は武田勝彦が担当した。

〈「魔」は原爆で、「遺産」は広島の街と人の惨状である。（略）作品を読み進めていくと、死屍累々とした光景が連綿として続く。この小説の情景は、暗く恐ろしい。これほど暗くていいのだろうかと思うほど暗い。また、生あるものが一瞬にして死の谷に落とされる恐怖には息をのむばかりだ。しかも阿川氏は殆んど記録の残っていない原爆の惨状を徹底して迫真の筆の冴えで描いている」（『魔の遺産』ＰＨＰ文庫　武田勝彦「解説」）

『魔の遺産』は、阿川とおぼしき作家野口が、「原爆八年後の広島」という文学的な報告を書くよう依頼され、郷里広島に帰り、小高い丘から太田川の三角州に広がる市街地を眺めるところから、物語は、はじまる。

小高い丘には、美しかった叔母の常子と一緒に登ったが、太陽の光を直接浴びた叔母の顔は丸く赤くはれ上がってしまった。被爆の後遺症である。

すでに、原爆投下の八月六日、叔父辰造・常子夫婦の長男と長女は旧制中学と女学校の生徒だったが、勤労動員されていた爆心地近くで即死していた。

爆心から二キロあまり離れた自宅にいた当時一年十ヵ月の赤子だった末っ子の健も、母親とともに被爆し、いまも骨髄性白血病に苦しんでいる。

こういう暗い設定で、『魔の遺産』のストーリーは進んでいく。

『魔の遺産』を書く阿川の筆には、自己抑制のかげはうかがえない。（すでに占領は終わり、検閲制度は終わっていた・註）

いくつかの被爆の実状を伝える部分を引用してみる。

当時、広島にはＡＢＣＣ（原爆傷害調査委員会）というアメリカの研究機関がおかれていた。

ＡＢＣＣは、米大統領令に基づいて一九四六年に設立され、多数のアメリカ人医師と研究者たちが広島に送り込まれた。アメリカ国内の大病院とほぼ同じ規模の設備をそなえてはいたが、検査とデータの収集のみがその役割であり、治療行為は一切しなかった。

そんなところから、批判が起こっている。

〈「健ちゃんはＡＢＣＣに診せた事はあるの？」

「入院する時、院長先生にそれを訊かれたのよ」常子は言った。「だけど、叔父さんが、どうしても承知しないの。自動車で迎えに来られた事もあるんだけど、お断りして、わたしも此の子も診て貰ってないいんだけどね。主人は、あれはアメリカが広島の人間をモルモットにしているんだから、治療をしてくれないものを、診察だけしてもらっても意味がないから行くなって言うでしょう」〉

（『魔の遺産』は、文庫化するにあたって、現代かなづかいに改められている・註　傍点引用者）

広島の人間がモルモット扱いされているという表現は、同書のいたるところで見られる。

アメリカの精神科医、心理学者であるロバート・J・リフトンは、『幼児期と社会』で知られるエリク・H・エリクソンの弟子だが、一九六二年（昭和三十七年）広島を訪れ、七十三人の人々に面接し、加えて膨大な資料に目を通し、『ヒロシマを生き抜く――精神史的考察』という本にまとめている。

リフトンは、〝モルモット〟という言葉に敏感に反応している。彼の面接に協力してくれた人々に対して、次のような感想を述べる。


〈たとえ、この論文のすべてに賛成できなかったとしても、少なくともアメリカ政府のために有益な軍事的情報を集めているのではないかという疑いをいだかずに接してくれたのである。実をいうと、広島で主として医学的見地から後遺症の研究にあたっていたアメリカの学者には、このような疑いをかけられていたのであるが、……〉（ロバート・J・リフトン『ヒロシマを生き抜く――精神史的考察』）

『魔の遺産』の主人公野口は、旧制高校の二学年上で、今は産婦人科医をしている脇本を訪ねる。

〈「僕は専門的なことはわからないんだが、広島と長崎とが、世界で唯二つの、原子爆弾の人体実験場だろう。はっきり言えば、ＡＢＣＣというものは、第三次世界大戦が起った時、アメリカが原子爆弾攻撃を受けた場合の科学的な防衛対策を確立する為に、日本人から上手にデータを集めているんだという気がして仕方なかったんだがね」

「その通りだろう」脇本はウイスキーを氷水に割りながら言った。〉（『魔の遺産』）

†阿川は結論する。「アメリカは最後になって悪魔の助けをかりたのだ」

取材を重ねるうち野口は、被爆した男から次のような話を聞く。

〈「私ら高等の学問をしておらん人間の考えることは俗かも知れませんが、戦争が終って、日本も悪かったがアメリカもひどい事をした、お互いに謝り合うて、これからは仲よくしていこうというのなら、私らにも話がわかるんですが、片っ方は戦争裁判にかける、東條や板垣や土肥原が処刑されるのはまあいいとしても、アメリカの兵隊が入って来て、勝手極まる真似をする、憲法を自分の都合のよいように決める、都合が悪くなると、それをかえろという、講和会議になっても未だ、アメリカの大統領が、真珠湾とバタアンを忘れるもんかという演説をする、それで原子爆弾の事は、戦争を早く終らす為の、他の多くの青年の生命を救う為の、正しい措置であったというような事を言って、あっさり片づける、これでは、どうも何とも納得が出来ませんのですがねえ」〉（同）

野口は、述懐する。

〈日本が負けて米軍に占領されてから八年の間、野口はアメリカ人の口から出る、民主とか人権とかという言葉に、始終疑問を持って過ごして来た。彼らの言う「人」や「民」の内容が、依然として八割くらいまで、「米国人」「米国民」の意味ではないかという疑いを、消す事が出来なかったからである。原子爆弾を日本に投下した事に、日本人が有色人種であるという要素が入っていたか否か、それは永久に謎のまま終わるかも知れないが、人間が何も疑わずに牛や豚や魚を食っているような気持が、——もっと具体的に言えば、インディアン狩りをする西部活劇の映画が、ちっとも飽きられずに観客を動員している、そういうアメリカ人の気持が、あの事を左右した人々の心の中にひそんでいなかったか、彼はやはり疑いを抱かないわけにはいかなかった。〉(同)

そして、野口は厳しい意見を述べる。

〈彼は、今度の仕事で、広島へ来る前も、来てからも、必ずしも原子爆弾の否定的な面ばかりを報告に書く必要はない、原子爆弾に何か少しでもいい面が、それで落された為の建設的な意義というようなものがもしあるならば、それも拾い上げるべきだ、そんな事を思っていたのであるが、今の彼の気持では、これは完全な悪であるとしか考えられなくなった。原子爆弾というものは、結局、悪魔が科学的な構造物の姿をとって、此の世に現れたとでも思うより仕方がない。アメリカは一つの困難な問題を解決する為に、最後になって悪魔の助けをかりたのだ。〉（同）

阿川は、『魔の遺産』について「自分の作品をイデオロギーが先に立った政治的反米小説にしたくなかつた」（『阿川弘之自選作品』Ⅱ「作品後記」）とはいうものの、『魔の遺産』の主人公に託した言葉はアメリカにきわめて厳しいものだった。

†有吉佐和子も原爆小説「祈禱」を書いている

有吉佐和子もアメリカ留学の前年、昭和三十三年に原爆小説を書いている。「祈禱」である。この作品は、ルポルタージュ的な印象を与える『魔の遺産』にくらべ、静かな筆致で長崎への原爆がもたらした被爆者の心とからだへの後遺症を追う。

「祈禱」は、阿川の原爆小説がことごとくその選に漏れた『日本の原爆文学』（前述）に収録されている。

少し「祈禱」を追ってみよう。

宮田家の長男輝一が恋人道子を家に連れてくる。すき透るような白い肌を持ち、清楚なふるまいをする道子に、輝一の母たかは好感を持つ。やがて、輝一と道子は婚約する。式の目前、宮田家を訪れていた道子が、突然意識を失って倒れる。

母と輝一の会話のシーンである。


〈「輝一さん、このひと病気持ちだったの？」

「そんなことありませんよ」（略）

「輝一さん。道子さんのことで母さんに隠していることがあるんじゃないの？」

「何をです。また母さんの思いすごしだよ」

「思いすごしかどうかしら。道子さんの、あの病気は何なんです。あなた知っているんでしょう」

輝一は眼を瞑《つぶ》っていた。が、鉄のような黒くて重い沈黙のあとで、彼は口を切った。

「いずれ分ると思っていたし分ってから云うつもりだったんだ。道子は戦災を長崎で受けたんです」

戦災、長崎。この二つの言葉が、たかの脳裡で音をたてて激突した。たかは一瞬、白痴のような表情で輝一を見守ったが、次の瞬間、唇から歯が飛び出るような勢いで云っていた。

「輝一さん、やめて頂だい。やめて。お願いだから、この結婚はやめて頂だい。そんな怖ろしいことは」

「何が恐ろしいんです」

「何がって輝一さん……」〉（『祈禱』）

道子の被爆の事情は、こうだ。

〈道子の父親は官吏として長崎市に家族連れで赴任し、一カ月たつかたたぬかで原爆に遭った。一家は全滅、道子だけは転校したばかりの女学校で学徒報国隊に加わり、機関銃の銃弾を入れる箱作りに専念させられていた。市から離れた郊外にある工場の寮にいたので助かったのである。が、放射能の惨禍から全く免れることはできなかった。原爆症。白血病。これがその日から孤児になった彼女に負わされた十字架だった。〉（同）

そして、

〈毎年めぐってくる八月十五日の前後は、道子は新聞も雑誌も見るまいとし、ラジオも聞くまいとする期間であった。彼女こそ、それらの報道を心から嫌だと思っている。うっかり流れ出たラジオの声が、原爆について語りだそうものなら、道子は子供が高熱でひきつけたような形相になってしまうのだ。

そんな道子を知らぬ顔で、毎年この行事は繰返される。世界に、二度とこの惨を繰返すまいとする人々の祈りなのである。（略）忘れることのあまりにも多い世の中で、十三年前に起った悲劇だけは決して忘れられてはならないことなのだ。そのために、ジャーナリズムをあげて、行事は毎年、、繰返される。

しかし道子は暗鬱に日を送るこの期間を、たとえば姑のたかは無理からぬことと考えるだけで、それ以上その考えを発展させようとはしていなかった。月が変われば、晴れたように道子が元気になるということを知っていたからだ。一人の軽症者を持つ宮田家にも、原爆に対する憎しみそのものは薄れようとしていた。〉(同)

淡々とした筆致である。

有吉の作品にくらべ、あるいは「年年歳歳」とくらべても、阿川の『魔の遺産』は主人公が自らの足を使って広島の惨状を聞き回るという作品であるだけに、原爆がストレートな形で表出されている。

たしかに、「一人の軽症者を持つ宮田家にも、原爆に対する憎しみそのものは薄れようとしていた」と書く「祈禱」より、『魔の遺産』が訴えようするところのものは、アメリカにとって痛いものだったかもしれない。

†だからといって、アメリカ留学以前の阿川が反米的であったといえるのだろうか

しかし、だからといって、阿川が有吉より反米的ということにはならないだろう。

『魔の遺産』を阿川から直接手渡されたファーズ博士（とロックフェラー財団）は、阿川の作品を読んできわめて反米的と判断したのだろうか。

阿川は、『魔の遺産』のなかで、原爆を落とされた日本人が有色人種であること、インディアン狩りをする西部劇が飽きられることなくアメリカ人観客を動員し続けていることなどを例にとりながら、そういうアメリカ人の気持が原爆投下を決定した人々のなかに潜んではいやしまいか、という問題を投げかけた。

ロックフェラー財団とファーズ博士が問題視したのは、こうした阿川の述懐や心理状況だったのであろうか。

しかし、阿川のこの感情は、日本人なら誰もが抱いて不思議ではないものである。人種差別の問題は、微妙であり、ロックフェラー財団の留学プログラムで渡米した文士たちが等しく直接体験し、心中深く傷ついたところでもある。

阿川が帰国後に書いた『カリフォルニヤ』や、有吉の『非色』、『ぷえるとりこ日記』は、そうした差別への感慨を作品化したものと考えることができる。

のちに触れるが、安岡章太郎の『アメリカ感情旅行』にも、大岡昇平の『ザルツブルクの小枝アメリカ・ヨーロッパ紀行』にも、この二作はロックフェラー財団によるアメリカ（ヨーロッパ）留学の記録だが、その感情は如実にあらわれている。

安岡の書は、全篇人種差別への驚きの記録といっても過言ではない。

大岡でさえ、自らが黄色人種であることに呆然としている。

ロックフェラー財団からみれば、その留学制度をもっとも効率よくもっともまじめに咀嚼したと思われる江藤淳でさえ、その著『アメリカと私』のなかで、アメリカ社会のもつある種の態度について異議を唱えている。

江藤は、『アメリカと私』のなかで、一ヵ所原爆について書いている。

江藤は、二十四歳にして『夏目漱石』をものしているが、そこには、アメリカ人の少壮学者だったヴィリエルモ（占領期にすでに来日し、東大などで学び、のちハワイ大学名誉教授）の漱石論が引用されている。

そのヴィリエルモに、江藤はプリンストン大学で会う。

ヴィリエルモと江藤の間で、原爆論がたたかわされる。

「私は大正一五年生れの『大正っ子』です」と、流暢な日本語で初対面の挨拶をしたことのあるヴィリエルモが、ある日、江藤に、「あの安保騒動のショック！　アメリカにこれほど一生懸命日本を愛している人がいるのに、どうして日本人はあんなひどいことをしたのでしょうか」と問いかけた。

それに対して、江藤は答えた。

〈私は、日米関係を根本的に改善することなど、その気になりさえすれば、わけもないことだといった。それには、合衆国大統領が特使を送って、公式に原爆投下に遺憾の意をあらわし、併せて沖縄県を返還すればよい。そうすれば、反米感情はめだってへり、あなたのような「親日家」の居心地もよくなるでしょう。

「とんでもないことですね、江藤さん」

とヴィリエルモ氏は躍り上がって叫んだ。

「原爆を落としたのは、戦争中ですからね。アメリカ兵の生命を守るためには、仕方なかったのですよ。それに、沖縄は、アメリカが大きな犠牲をはらってやっととったのですからね。とてもとてもかえせませんねえ」

とったからには返せないというのは、領土的野心のないことをもって誇りとする米国の態度としては、少しおかしいのではないか、と私はいった。（略）

「（略）日本人は敗けたことを忘れているのではありませんか。日本は無条件降伏をしたのですよ、江藤さん」〉（江藤淳『アメリカと私』）

この議論は、江藤がプリンストンへロックフェラー財団によって留学した、昭和三十七年（一九六二）時点のものである。

ロックフェラー財団は、阿川ののちの感慨、「戦争が終わって二十年経ち、広島、長崎に落とされた原子爆弾について、私たちはもはや許していい時であり、出来ることなら忘れてもしまいたい」（前出、『昭和戦争文学全集第十三巻』「原爆投下さる」「解説」）をひきとって、阿川が反米から親米に

〝転向〟したとでも判断したのだろうか。

阿川の発言は、昭和四十年（一九六五）のものである。

†ロックフェラー財団の一部からは、「日本人の小説家を招《よ》んでみても一向に成果らしい成果が上がらない」との批判の声が

阿川は、原水禁運動が政治的に利用されるのにうんざりしていた。敗戦後のジャーナリズムの風潮にも性が合わなかった。

〈文士も政治経済畑の評論家も、今を時めく人は、皆、戦前の日本を罵倒し、日本の軍人をことごとく悪の権化であったかのように罵り、ごく近い将来革命が起りそうなことばかり言っていた。戦中罵ったのなら賛成だけれど、安全地帯へ出てから罵るのは、卑怯未練の振舞いというものではあるまいかと思った。士官悪人兵善人、動員された学徒はすべてファッショの犠牲という図式の、一方的な論説など読まされると、私はもう少し自由でフレクシブルな空気のあった海軍がなつかしかった。ファッショ嫌いなら、私も昔からそうだが、ファシズムの最悪の形態は共産主義体制だと思っている。そこがちがう。〉（阿川弘之『私の履歴書』）

となれば、原罪などいう宗教的なことはいわないまでも、「広島、長崎に落とされた原子爆弾について、私たちはもはや許していい時期であり、出来ることなら忘れてもしまいたい」という阿川の表現は、人間の器量の小ささと人間のどうしようもない卑小な存在への反省の言葉であって、親米、反米などという単純なカテゴリーのなかにはいるものではないだろう。

阿川は、ロックフェラー財団によってアメリカに留学させてもらったことに、

〈この長編（帰国後に発表した小説『カリフォルニヤ』を指す・註）でレポートの代りをさせてもらつたつもりは無いし、第一財団の方では読んでもゐないだらうが、初めての海外生活一年は、私自身にとつて意味が大きかつた。怠け者の留学生であつたが、その後ものを考へたり書いたりする上でどれだけ役に立つたか分らない。ファーズ博士、坂西さん、ジュライさんに今でも感謝してゐる。〉（『阿川弘之自選作品Ⅲ「作品後記」』）

と述べる。そして、

〈私のあと、庄野潤三、安岡章太郎、小島信夫、有吉佐和子氏らがフェロウとして出たが、ロックフェラー財団も大きな機構で、中に官僚風或いは学者風の固い考へ方の人がゐるらしく「日本人の小説家を招《よ》んでみても一向成果らしい成果が上らない」といふ声があつたらしい。ファーズ博士

は、文士の外国留学でさうすぐ眼に見えた果実が生れることがないことをよく知つてゐて、その声に抗してをられたやうだが、駐日公使転出を機に縁が切れ、一方日本も段々豊かになつて、江藤淳氏あたりを最後に、このプログラムは打ち切りになる。〉（『阿川弘之自選作品Ⅲ「作品後記」』）

と書く。

ここには、阿川自身が反米的姿勢から脱し親米に転じた、などという気配は感じられない。阿川には、反米も親米もない。

ロックフェラー財団の内部にはファーズのやり方に反対する勢力もあった、と阿川は書いているが、そうであればなおいっそう、阿川が、アメリカ留学によって親米の方向にマインド・コントロールされることはなかったのでは、と考えた方が納得いくというものではないだろうか。

†スタインベックが『魔の遺産』を讃めた

たしかに、ただほど怖いものはない。

お金を出した方は、お金を受け取った方を見下すものかもしれない。お金を受け取った方は、屈辱を感じながらも逆に、お金を出した方に媚びることがあるかもしれない。

金銭（留学）を起点として、利用する、利用される、という心理的連環が生じるのかもしれない。

石井桃子は、坂西にロックフェラー財団によるアメリカ留学を誘われた時、「そうした奨学金をうけた場合、こちらに何らかの負い目が生じるのではないか」（前出「出会いの旅」）とその場で質問している。

大岡昇平は、テキサスを旅行中に会ったテキサシャンに、「日本人はけものみたいな奴だと散々いわれて来た。息子を一人太平洋で死なせた。われわれは戦争していた。ところがいまはその日本人に金を出して、アメリカに呼ぶ人間がいる。わからない」（前出『ザルツブルグの小枝　アメリカ・ヨーロッパ紀行』）と非難めいた意見を呈された。

こうした声が一般に存在し、しかもロックフェラー財団内部にも日本人作家を招待しても「一向成果らしい成果が上がらない」という批判があったとするなら、阿川が反米から親米に変わったと、判断することはかなりむずかしいだろう。

二十年も前に出版されながら、いまだに売れ続けている本に、ジョン・ダワー氏の『敗北を抱きしめて』がある。

この本の日本観には何かと批判があるのは当然だが、印象的な記述がある。

〈日本を民主化するという考え方自体が、じつはアメリカ人が戦争中に教え込まれていたプロパガンダの大きな修正の結果であった。アメリカのメディアでは、戦時中つねに、すべての日本人は、子供、野蛮人、サディスト、狂人、あるいはロボットとして描かれていた。（略）アメリカ人の心のなかに「よきドイツ人」を思い浮かべる余地はあっても、「よき日本人」はどこにも存在しなかった。戦争中ほとんど抗議の声もないままに、一〇万人以上の日系人が強制収容所に収容されたことは、こうした憎悪が存在した証に他ならない。〉（ジョン・ダワー『敗北を抱きしめて』）

大岡の場合のテキサシャンの発言がそのことを物語っている。

一方は「鬼畜米英」、他方は「野蛮人」「サディスト」、と教え込まれ、互いに三年八ヵ月にわたって戦った。

となれば、戦後の親米、反米あるいは民主主義といった問題は、一筋縄ではいかぬものと考えた方が妥当ではないだろうか。

それに、『魔の遺産』は、阿川にとっては、正直言って、何かと気にかかる作品であったようだ。あるいは、満足できる作品でなかったのかもしれない。

〈雑誌連載中（昭和二十八年七月―十二月「新潮」）、志賀直哉先生が読んで、毎月激励の葉書を下さつたが、一方北原武夫氏を初めずゐぶん大勢の人に悪口を言はれた。そのいづれも、ここでは紹介しないが、一つ、同じ世代の友人小島信夫氏に「いやしいところがある」と言はれたのは胸にさゝつた。〉（『阿川弘之自選作品』Ⅱ「作品後記」）

さらに、阿川は書く。

〈この長編（『魔の遺産』・註）は昭和二十九年の三月新潮社から出版後二十三年間（『自選作品』が出るまでの期間・註）、増刷にもならなかったし（日本で）活字になつたことも一度もなかつたけれど（PHP文庫版『魔の遺産』は前述の通り、平成十四年の刊行・註）、中国語と英語に飜訳された。中華人民共和国の方は無断飜訳で、後日訳本が三冊だけ届けられて来た。英訳の方は、ワシントン大学法学部の日系二世教授ジョン・F・真木氏の手で完成したが、出版を引き受けてくれるところが何処も無かつた。それを、利害を度外視して、——と言ふより損を承知で出して下さつたのは、東京北星堂書店の主人中土順平氏である。〉（同）

中土氏は、昭和三十三年東京で開催された国際ペンクラブ大会で、海外からの参加者全員に『魔の遺産』の英訳本を進呈した。

阿川は、のちに未知の学生から手紙をもらっている。

〈「自分はジョン・スタインベックの愛読者で、押して帝国ホテルの部屋へ訪ねて行つたら、風邪気味のスタインベックがベッドの上で熱心にあなたの『Devil's Heritage』（『魔の遺産』）を読んでゐた。本を伏せて、スタインベックはこの作品を讃めた。」〉（同）

というのが、学生からの手紙の内容であった。

第四章

大岡昇平、安岡章太郎は、アメリカで、ことに南部で何を見たのか

†大岡は子供に舌を出された。「アイ・ヘイト・ツー・シー・ジャパニーズ」

ロックフェラー財団の留学生プログラムに選ばれた大岡昇平は、昭和二十八年（一九五三）十月二十日太平洋航路プレジデント・ラインのクリーヴランド号（大岡の表記・註）で横浜を発った。大岡は、几帳面にも横浜出帆から翌年羽田に帰ってくるまで、ずっと日記をつけていた。大岡の『ザルツブルクの小枝　アメリカ・ヨーロッパ紀行』には、したがって、旅行中の大岡の一挙手一投足がその微妙な心理の襞にいたるまで克明に描かれている。

タラップを踏んで、クリーヴランド号に乗船した様子を描いた最初の一行目から、大岡は違和感のとりことなっていた。

中甲板に達した大岡は、海軍士官みたいな恰好をした紅毛人（大岡の表現・註）に乗船切符を渡した時、「サンキュウ・サー」「ジス・ウェイ・サー」といわれる。

〈途中飛行機ばかりでは面白くないとして、サンフランシスコまでは、わざとのろい船旅を選んだのだが、事務員がオフィサーと呼ばれ、制服を着ていたことに、ちょいとひっかかった。「サンキュー・サー」「ジス・ウェイ・サー」とみんな「サー」がつくのは、俘虜には絶対なかったことだが、あの切符をひょいとつまみあげた手付には、あまり尊敬は表現されていなかった。俘虜または荷物なみの扱いである。（略）

「駄目だ、駄目だ。オフィサーと来たのが、気に喰わねえ。たしかにもう一度俘虜だ」とおどけて見せるのは、狼狽をかくすためである。〉（大岡昇平『ザルツブルクの小枝　アメリカ・ヨーロッパ紀行』）

大岡は、この時、誰にも見送られず輸送船でひっそりと門司港を出た、十年前のことを思い出していた。

いよいよクリーヴランド号が横浜出港となると、埠頭に吹奏楽団が繰り込んできた。そこで演奏される曲にも、大岡は違和感を禁じ得ない。日中戦争中の侮中歌謡曲「支那の夜」が奏せられるのはいかなる理由によるものかと嘆じたあと、

〈「軍艦マーチ」に到っては、想像を絶している。ここでまたもやかつて奴隷のように死地へ積み出された身が、十年後平和裡に目出度く外遊の途に上ろうとする時、復活軍歌によって送られる皮肉に思いを到した。祖国が再び愚劣に赴きつつあることを、出発間際に確認させて下さって、ありがとう。〉（同）

大岡は、俘虜のことをまたも書かざるを得ない。

〈ロックフェラー財団の奨学資金を受けたので、或る進歩的評論家は「大岡は戦争で俘虜になっただけでは飽き足らず、こんどはアメリカの文化的俘虜を志願した」と書いた。何て了見の狭い野郎だと呆れ返り、貧乏文士の収入では追っつかない外国旅行を、ただでして来る機会を捉えたのが何が悪いと力み返り…〉（同）

ロックフェラー財団が、「ただで」用意してくれたクリーヴランド号の居室は、五畳ほどの広さで、暖房も換気も申し分ない。ベッドは壁から引き出す仕組みとなっている。シャワー、扇風機、電話機もあり、机の上には聖書が載っている。窓こそない部屋ではあったが、大岡は満足した。が、どうしても英語ばかりをしゃべる人たちのなかにいると、俘虜時代に思いがいってしまう。

〈外国人の間に入るのは、これがはじめてではない。十年前、フィリピンで俘虜になった時、収容所に着くまでの一週間、あたりは英語を喋る人間ばかりであった。

僕は常に不安で、おびえ切っていたが、俘虜という状況では、事態はこれ以上悪くなりっこないという、むしろ安定感があったのを、クリーヴランドの上で思い当る。

アメリカの兵隊や看護婦は、勤務上、僕に親切だっただけである。クリーヴランドのパーサーも勤務上慇懃だし、ボーイはチップさえやれば勤勉である。乗客たちはそれぞれ豪華船の生活をエンジョイするのに忙しく、彼等の間にまぎれ込んだ、東洋の自由人に無関心のように見える。〉（同）

しかし、とここで大岡はいう。

〈しかし困るのは、子供という正直者である。若い母親の手に引かれた十歳ぐらいの男の子に甲板ですれちがう。舌を出し、

「アイ・ヘイト・ツー・シー・ジャパニーズ」

と甘い声で、母親に訴える。

母親は向うをむいたまま、子供の肩をかかえ、なだめるような、たしなめるようなことを、言いながら、行ってしまう。しかし子供は何度も振り返り、舌を出しながら引かれて行く。その舌と言葉より、強張ったまま動いて行く母親の背が、僕を傷つける。〉（同）

そして、

〈四十をすぎて、何のために、こんな屈辱を忍ばなければならないのか。旅の目的は、幼児より憧れていた外国の風物に触れて、わが西欧的教養に磨きをかけるためである。本や写真だけでは、

わからないことがあるかないか、この眼で見て来なければならぬ。アメリカにおけるジャップ、ヨーロッパにおけるオリエンタルの屈辱は、帰朝者の談話にしばしばうかがわれたが、これほどひどいとは、やはり経験してみなければわからない。

外国旅行で得たものと、この屈辱と、差引勘定はプラスになるにちがいない。帰朝者がその利益だけ喋るのは無理はない。自慢はいくらでもするが、いやなことは黙っているのが、人情である。〉（同）

大岡の心は、横浜を離れた時からすでに揺れ続けていた。

✝安岡は思った。「何でも見られてやろう」

安岡章太郎は、昭和三十五年（一九六〇）十一月二十六日に羽田を発ち（大岡の七年後のことである）、翌年五月十七日に羽田に帰ってきた。

南部の大学に滞在し、南部をじっくり見てみたいというのが、安岡の希望だった。ニューヨーク、メンフィス、ニューオーリヤンズ、アイオワ・シティー、サンフランシスコ、ハワイ等に短期間旅行したが、アメリカ滞在のほとんどを留学先ヴァンダビルト大学があるテネシー州ナッシュヴィルで過ごした。（地名等は安岡の表記・註）

安岡は、日付をテーマごとに記した日記体の文章で、アメリカ滞在の記録『アメリカ感情旅行』(昭和三十七年刊行)をものしている。

この本は、アメリカ紀行としては、大岡の『ザルツブルクの小枝　アメリカ・ヨーロッパ紀行』、江藤淳の『アメリカと私』などと並んで名著の誉れ高い。

安岡は、冒頭で、小田実の当時ベストセラーだった世界見聞録『何でも見てやろう』になぞらえて、この本のタイトルを、『何でも見られてやろう』という題名にしようかと考えた、と書いている。いつも受け身のかたちでしか物事を見てこなかったからであり、当然、このアメリカ生活もそうだったからである。

安岡は、いう。

〈私は見ているると同時に、自分が見られているという意識から、ほとんど片時もはなれられなかったようである。路上で、ホテルのロビーで、学校の教室で、知人の家の居間で、私はいつも歯医者の椅子か病院の待合室にいるような気分だった。感情の半分は何かわからぬものへの期待と恐怖心に占領されていた。こんな状態でものごとが正しく眺められたり、判断できたりする道理がない。しかし私に言わせてもらうなら、歯科の「治療」は歯科医だけが知っているわけではない。その口の中にさまざまな機械や器具をくわえこまされる患者こそが、治療の実体を知り得るのである。〉(安岡章太郎『アメリカ感情旅行』)

安岡は、滑稽なほど神経過敏で、意識過剰である。

留学するにあたってロックフェラー財団に提出する用紙に、APPLICATIONという文字が刷り込んであるのを見ただけで、安岡は、当惑する。

心ならずも朝起きて、心ならずも電車に乗り、心ならずも会社に行き（安岡の場合は、心ならずも小説を書き）と、心ならずも日常を送っている身にとって、「志願」という言葉は気になって仕方がない。

〈APPLICATIONの用紙をつきつけられると、もはや言いのがれのすべもない立場にたたされてしまった。そして、いまやパン・アメリカン機に乗り込んだおかげで、この「心ならずも」の世界から決定的に訣別しなくてはならなかった。茶碗を割って「すみません」と言ったら、たちどころにそれを弁償する義務を負わされる、人と会う約束をしたら一分一秒おくれるわけにはいかぬ、…私の周囲には無数の、ありとあらゆる有形無形の義務感や責任感やらが、一時にどっと押しよせて身のおきどころもないほどだ。（略）

ただ眠いはずなのに眠ることもできず、ときおり隣の席で女房が子供の名（安岡治子氏、当時四歳。東京大学教授・註）をつぶやいては涙ぐんだりする声に、うっとうしく憂鬱な気分におちいっていただけである。〉（同）

そして、ニューヨークに着く。早朝の街を歩きながら、安岡は黙考する。

〈金をもらってやって来た以上、一つか二つは義務らしいものが与えられた方がいい。そうでなく、ただ「見る」ように言われると、かえってこちらが「見られる」ためにやって来たような気持になる。私がこの国で何を見、どんな人間と友達になるかを、誰かに覗かれているのではないか？――いや、こんな考えはおそらくヒガミから出た妄想にすぎまい。相手は世界一の金持ちのロックフェラーだ。こちらも、もっと鷹揚にかまえて然るべきだ。〉（同）

安岡もまたヒガミっぽく、「金をもらってやって来た」「ただ」の理由はなぜかと、律儀に考える。そして、自分が何を見、どんな交友関係を作るのかを覗かれているのではないか、と不安になる。アメリカ到着第一日目にこうした感想を思わず漏らすのは、ロックフェラー財団の〝善意〟と〝意図〟の本当の理由を作家的直観が見抜こうとしていたのだろうか。

そして、二日後にナッシュヴィルに入る。

†安岡章太郎、大岡昇平、江藤淳、有吉佐和子の〝白い人〟と〝黄色い人〟

安岡は、まず、人種偏見について用心深くあろうとした。WHITEとCOLOUREDのどちらの便所に入るべきかという〝大問題〟については、想像していたよりずっと容易にWHITEを使うことができた。

問題は、人々の視線である。

〈ただ、私たちがホテルのロビーに行くと、白人たちがビックリしたような顔でこちらを見る。こんなことはニューヨークにいたときは経験しなかったように思う。けれどもこれは彼等が私たちに「偏見」をもっているためかどうかはわからない。何となく重苦しい感じだ。〉（同）

日本を発つ前に、安岡はロックフェラー財団の担当者から、「南部の人種偏見についてどう思うか」との諮問を手紙で受けている。安岡は「何等の偏見もなしに南部を見てきたい」という返答をしていた。

その時、安岡は、アメリカ人は人種問題にふれられるのを嫌っていると感じ、どうあっても自分たちの人種問題を他国民には隠しておきたいのだろうと思った。

〈アメリカの黒人問題にはわれわれの持っている尺度では簡単に推しはかれないものがあることも事実である。用心深くしなければならないのも、そのためだ。つまり私には自分自身の劣等感を何でも彼でもアメリカ人の人種偏見とすりかえてしまう傾向がないとは言えない。

さっきのタクシーの事件（安岡はナッシュヴィルの空港到着早々に乗合タクシーを巡って、黒人ドライバーと白人の客の間にはさまってひと悶着あった・註）にしても、私にもっと英語を理解する力があれば、何でもない町のオッサンと運ちゃんの口喧嘩だったかもしれない。それを私は勝手に自分の肌の色と勝手に結びつけて、おおげさな被害妄想をつくり上げていたのかもしれない。〉（安岡章太郎『アメリカ感情旅行』）

肌の色の問題を、しかし、安岡のみならず大岡昇平も片時も忘れたことがなかった。

〈孤独な旅行者は、一刻も心の安まるときはない。アメリカ人の中へ入って、黄色い人としての劣等感が、心を離れたところがなかった。しかし彼等の知らない喜びを、かくしているんだという、はかない誇りがある。〉（大岡昇平『ザルツブルクの小枝　アメリカ・ヨーロッパ紀行』）

昭和三十七年（一九六二）に二十九歳でアメリカに渡った江藤淳でさえ、しかも東部のプリンスンに滞在しているのにもかかわらず、肌の色に触れている。

〈プリンストンで、私が自分のままでいられるというのは、そこで自分が日本人として抱いている欲望をかくす必要がなかった、という意味である。これは、東京ではむしろ逆であった。そこでは、「日本人ばなれした」という言葉が、何につけ賛辞として用いられるような空気が充満していたからである。これが、いかに無意味な言葉であるかを知るためには、私には、図書館の便所にはいるたびに、黒人の用務員や白人の学生の顔といっしょに鏡に映っている自分の黄色い顔を、一瞥するだけで充分であった。〉（江藤淳『アメリカと私』）

江藤の黄色い顔への感覚は、安岡や大岡と同じような〝劣等感〟から来ているものとは必ずしもいえない。若くして漱石論を書いていた江藤には、

〈此《コノ》煤煙中ニ住ム人間ガ何故《ナニユエ》美クシキヤ解シ難シ。（略）往来ニテ向フカラ脊ノ低キ妙ナキタナキ奴ガ来タト思ヘバ、我姿《ワガスガタ》ノ鏡ニウツリシナリ。我々ノ黄ナルハ当地ニ来テ始メテ成程ト合点スルナリ。〉（夏目漱石『日記』）

という漱石のロンドンでの印象が記憶にあり、むしろそれを青年らしく逆手にとって表現したのかもしれない。

江藤の〝好敵手〟有吉佐和子に『ぷえるとりこ日記』という長篇がある。

この小説は、もちろん、ロックフェラー財団の留学プログラムの所産である。有吉が留学したとおぼしき名門女子大の一行が、アメリカの自治領プエルトリコに三週間の調査旅行に出かける話で

ある。

主人公会田崎子は、プエルトリコ大学きっての好漢でミシガン大学に留学経験のある、ホセ・アレグリアからデートに誘われる。彼は、何年後かの有力な大統領候補だという。崎子は、スペイン植民地時代から続く名門アレグリア家の晩餐に招かれ、プエルトリコの貧困とは無縁な広壮な邸宅で、生粋のスペイン人であるホセの祖母に紹介される。

祖母はいう。

〈「アレグリア家は代々スペイン貴族から長男の嫁を娶《めと》ることになっています。ですが、ホセは、その慣例を破ろうとして、ここ十年余頑張り通してきました。私たちは彼自身の意志を尊重してスペイン本国まで行かせ、しかるべき貴族の娘たちと交際させてみたのですが、ホセはどの娘も気に入りませんでした。アメリカに留学するとき、私は厳としてアメリカ女を妻とすることを禁じました。（略）一昨日、私は突然、彼が結婚したい女性を発見したという話を聞きました。それが日本人のあなたで、しかもあなたはホセの申込みにまだ応じていないそうですね。（略）私はもはや何事も禁じません。あなたがホセの申込みを受け、彼の遠大な計画に協力すると決意した日、またどうぞ訪ねて来て下さい。そのとき私は、あなたの黄色い手と握手したいと思いますよ」〉（有吉佐和子『ぷえるとりこ日記』）

この晩、崎子は、アリグリア家の本格的なスペイン料理が喉を通らなかった。

〈アレグリア家の長老から、「あなたの黄色い手」と云われたことが、私の胃に甚だしい衝撃を与えていたのである。〉（同）

有吉も、肌の色の問題から逃れられなかった。

†安岡はいわれた。「日本人に貸すアパートなどない」

安岡は、ロックフェラー財団に提出したプラン通り、ナッシュヴィルに到着早々ヴァンダビルト大学英文科主任のR教授を夫人同伴で訪ねた。

当時のヴァンダビルト大学は安岡によれば、白人が学ぶ全米のベスト20の二十番目くらいに入る有力校であり、〝南部のアテネ〟と称するナッシュヴィルでは一番の名門大学（『僕の昭和史』）だったが、彼は、R教授ほか三人の教授に囲まれ質問攻めにあった。

安岡は自分の英語力が心細く、ある時は全然理解できず、ある時は三分の一くらいわかり、総合するとすべてがわかったようなわからないような状態だったが、自らを小説家と紹介すると、教授たちの態度が一変した。

何冊本を出しているかと聞かれ、安岡は迷った。アメリカと日本では出版事情がちがうから、出版点数を訊かれたらなるべく内輪の数字を答えるようにと、先輩からアドバイスを受けていた。気が動転しているから十冊くらいと答えた後、いや十五冊くらいと答えを訂正すると、一座は妙にしんとした雰囲気となり、どの教授の顔にも薄ら笑いが浮かんだ。

しばらく言葉の接ぎ穂がなく困ったなと思っていると、D教授が聞いた。


〈「君は日本の大学を出ているのですか」

「はい、そうです」

「それは国立ですか、私立ですか」

「私立です」

「何という人がたてたのですか」

「福沢諭吉。ユキチ・フクザワです」

「なるほど。で、その人はいま何をやっていますか」

「知りません。百年まえに死んだんです」〉（安岡章太郎『アメリカ感情旅行』）

たどたどしい受け答えがすむと、D教授は照れ隠しのようにして大口をあけて笑った。

主任のR教授が、その時、「君はここにどのくらい滞在する予定ですか。一週間？　あるいは十日ぐらい？」と聞いてきた。

これには、安岡が驚く番であった。自分の英語では、何にも伝わらなかったのではないのか。いったいこれはどうしたことだ、ニューヨークのロックフェラー財団からも一年間留学の予定と連絡がついているはずではないのか。


〈R教授は、猫背の体を前にかたむけたまま返答をうながすように、じっと私の顔を眺めている。するとと私は、ある困惑から急に口が重くなった。

「はァ、できたらこの学期がおわるまでいたいと思うのですが」

「ああそうか。じゃ来年の五月までだね」教授は憶い出したというように首を振りながら、となりのD教授に、「この男は五月までここにいるそうだ」と声をかけた。

R教授はつづけた。「それでわかった。じつは財団から君たちを一般の家庭か、でなければアパートへ世話してくれと言ってきているんだが、そういうアパートも家庭もここにはない。それでだ、ごく近所にごく家庭的なホテルがあるので、紹介しようと思うんだが」〉（同）

やっぱりそうか、と安岡は思った。「自分は敬遠されているのではないか」と被害妄想がまた出てくる。

R教授に勧められたホテルの宿賃は一日十ドルだった。財団から支給されるのはひと月三百五十ドルである。これでは、とても生活ができない。フロントに行って番頭に、この辺にアパートはないかと聞いた。

番頭はそばにいたボーイに訊ねた、「この辺で日本人を引き受けるアパートを知っているか」と。安岡には、二人の間の会話はまったく聞きとれなかったが、

〈ただ二人の、ぶつぶついう会話の中から、Japanese という言葉がもれるたびに、私は自分の耳が名前を呼ばれた犬のようにピリリとうごきそうになるのを感じた。〉（同）

安岡は、それから一週間たって、なるべく日本人留学生とはつきあわないようにするという、自分に対する禁を破った。

日本人留学生Ｉ君は、親切だった。

「この近所にアパートがないって？　どうしてそんなこと、いうのかな」といい、すぐ相談に乗ってくれた。

✝安岡はその上にいわれた。「日本人は家を汚くする」

Ｉ君の車で大学周辺を回ることにした。

二分と行かないうちに、いたるところで安岡は、「For Rent」と書かれた札が下がっている家々を見た。さらに五分ばかり大学の周囲をまわって、結局、暖房費を含めて月五十ドルの家賃の二階部屋を借りることにした。

十二畳ほどの寝室、同じくらいの広さの台所、バスルーム、これにベッド、ソファーや電気冷蔵庫など家具一切がついている。安岡がやれやれと安心し、いざ契約を結ぼうとすると、家主の老婦人が、妙なことを言いだした。

〈「二階にはもう一と組、アメリカ人の若夫婦がいる。その人たちに同じ家に日本人を入れて良いというかどうか訊いてくる」というのだ。

私は別段、おどろきもしなかったし、不快にも思わなかった。ただ、漠然とかんがえていたものがハッキリと眼の前にあらわれたことに、ある感慨をもよおした。(略)

「よしましょうよ、こんなところ」と女房は気色ばんで言った。(略)

われわれがそんなことを話し合っているうちに、老婦人はもどって来て言った。

「となりの方も『いい』と言っていましたよ。日本人は家を汚くするっていうから、それさえ気をつけてもらえばいいんですがね」

この言葉は女房の自尊心をまたもや刺戟したらしかったが、私はそんなことはどうでもよかったし、何よりもこれ以上あちらこちら知らない家へ入って外国人とわかりにくい言葉で交渉するのはわずらわしかった。すると老婦人は眼鏡の奥から灰色の眼をすえて言った。
「わたしたちはクリスチャンです。家の中でお酒をのまないでください」
これには私もおどろいた。まるでこちらが一歩退くたびに、一歩踏み込んでこられる感じだ。〉（安岡章太郎『アメリカ感情旅行』・傍点引用者）

結局、お酒のことは、老婦人がしばらく考えた末、寝酒だけなら「OK」ということになって落着したが、安岡夫人にとって「日本人は家を汚くする」という言葉はのちのちまでしこりとなって心に残った。

しかし、「日本人は家を汚くする」、「日本人と一緒に住むのはイヤだ」というのは、どうやら南部だけの〝差別〟ではなかった。

そうした感情は、カリフォルニヤにもあった。

阿川弘之は、ロックフェラー財団留学生としての経験を世に問うべく帰国後、長篇『カリフォルニヤ』を書いた。

「戦後十数年が経って」とあるから、昭和三十年前半のカリフォルニヤ（ロサンゼルス）がこの小説の主な舞台である。

主人公の私は、二十八歳、知り合いの日本人が経営している日本語学校の教師として、日本からロサンゼルスにやって来た。早速アパート探しを始めた。

ところが、ホテルを転々とする旅行者には決してわからない、ある現実にぶつかった。
主人公の述懐である。
〈ロサンゼルスで下宿探しを始めてから、私ははつきり其の壁にぶつかり、自分が日本人だとい
ふ動かしやうにない事実を、いやでももう一度自覚せざるを得なくなつた。つまり、自分が日本人
だといふ事で、到る所のアパートや下宿で入居を拒絶される経験をしたのだ。〉（阿川弘之『カリフ
ォルニヤ』）

主人公の私は、地図を見ながらバスに乗って、目ぼしいアパートを訪ね歩いた。

あるところでは「貸室あり」という札の下に、虫のような字で「白人に限る」と書いてあった。

あるところでは、白人の女が出てきて、「残念ですけど、つい十分前にふさがりました」という。

次はいつあく予定かと聞くと、「まったく予定は立ちません」という。翌日の新聞を開いてみると、

「十分前にふさがったはず」のアパートの貸間広告が前日と同じ形のまま掲載されていた。

私は、これに懲りて、前以って「日本人でも部屋を貸しますか」と訊ねてから物件を見に行くこ
とにした。

やっと一週間目にアパートが見つかる。女あるじは、「六十歳ぐらゐの、白髪の、しつかりもの
らしい白人」であったが、

〈「わたしは、日本人だと言つて、差別をするやうな事はしない」と、それを幾度も恩着せがましく繰り返した末……、〉(同)

こう念を押した。

〈「ただ、ベッドの上で煙草を喫まないでいただきたい。それから部屋の中で、アルコールを飲むのは、出来るだけ遠慮してほしい。日本人は住まひをきたなくする癖があるから、其の点も十分注意してほしい」と、註文をつけた。目下、私は其の条件のどれも、よく守つてゐるとは言へないので、婆さんの監視の眼にいつも引け目を感じてゐる。」〉(同・傍点引用者)

†日本人への差別の根源は、真珠湾攻撃にあるのか

江藤淳が学ぶ東部のプリンストンでも同じようなことがあった。

江藤は、プリンストンに住むにあたっては、『坂本龍馬と明治維新』という日本の近代を理解するうえで必須の論文を書いていたマリアス・B・ジャンセン教授にアパートを借りておいてもらったから、アパートを探す段で、安岡と同じような〝悲劇〟には遭遇していない。

しかし、やはり、事件が起こっている。

江藤は、それを〝差別〟とは呼んでいないが、そこには、アメリカの白人と日本人とのあいだの歴史観に起因する決定的な〝割れ目〟があった。

プリンストン大学の留学生活が終り、その勉強ぶりが認められた江藤は、一年後、ロックフェラー財団の給費生という立場からプリンストン大学の教員という立場に変わることを、要請された。江藤は、次年度以降プリンストンに滞在することに備えて、日本に残してきた雑事の整理のために単身で一時帰国した。

事件は、この時に起こった。

残された夫人の一番の役目は、引っ越しであった。

教員となる江藤は、自らの書斎が欲しくなり、ちょうど空き室となった同じ建物の三階にそれまでの二階の部屋から移ろうとしていた。新しい部屋は、それまでのより一間多く、そこを書斎にしたいというのが、江藤の算段だった。

夫人は、江藤不在の間、普段アメリカ生活への対応をこまごまと教えてくれる親切きわまりないアールさんという白人の老未亡人の許に身を寄せた。そこで、引っ越しの準備をすることにした。新しい部屋に移ろうにも、元の部屋の借り手が見つからないことには、どうにもならないからだ。ところが、アパートを移ることはかなり手間取る作業だった。いま住んでいるところに新しい借り手が見つからない。

焦った江藤夫人は、寄宿先のアールさんに、「いま住んでいる二階のアパートになかなか借り手がつかないのは、私たちが日本人だからでしょうか」と訊いた。すると思わぬ答えが返って来た。

〈アール夫人は、家内の疑問に対して、日本人が嫌いな人間がいるとすれば、それはまだあの「卑劣な」真珠湾攻撃を覚えている人々がたくさんいるからだ、と答えたという。そしてさらに、自分にはどうしても許せないことが二つある。ひとつはナチスのユダヤ人虐殺であり、もうひとつは真珠湾攻撃である。中世紀のことはいざ知らず、近代の歴史上あんな破廉恥なだまし討ちは例がない。自分は決してこれを許さない。こういうことを、三日間にわたって、アール夫人は食事のたびに力説したのである。〉（江藤淳『アメリカと私』）

三日間続いた真珠湾〝攻撃〟に音を上げた江藤夫人は、とうとうアールさんの許から〝脱走〟した。江藤は、その時の夫人の心理を慮って、次のように言う。江藤夫人は、敗戦の時、北朝鮮から悲惨な脱出を体験した引揚者だった。

〈収容されていた婦女子の半数以上が死んだ、北朝鮮の収容所から脱走してきた家内に、戦争が道徳的意志の表現だという神話が通用するはずはなかったからである。〉（同）

結局、引っ越し問題は、江藤たちが仕方なく二階と三階の部屋を、一時、二重家賃として払うということで片が付いた。いったん空き部屋となった二階の部屋は、しかし、すぐに借り手が見つかった。

江藤は、新しい借り手は江藤たちではなく家主と直接交渉することになったので、「前の住人が日本人だったことを知らずにすんでいたのだろう」と推論している。

†安岡と江藤には、もちろん、認識の差がある

安岡章太郎が、ロックフェラー財団留学生としてアメリカに行ったのは、昭和三十五年(一九六〇)四十歳の時であり、江藤淳が渡ったのは、昭和三十七年(一九六二)二十九歳の時である。

ふたりの間には、当然世代差があり、思想信条も違っている。日本人だから外の世界に対して常に同様な感覚を持っているというのはあり得ない。

一つ例を挙げれば、戦争と軍に関する認識である。

南部のヴァンダビルト大学にも、東部のプリンストン大学にも、軍からの派遣学生がいた。そうした学生へ抱く感情が、安岡と江藤ではまるっきり違っている。

安岡は、書く。

〈しかし、それにしても私をとりまいている二十歳前後の学生たちの顔つきは、あまりに健康そ

うであり、あまりに非文学的に思われた。ことに私を脅かすのは学生にまじって陸海軍の軍服を着た連中がいることだ。これは徴兵猶予中の学生らしいが、彼等が太鼓やラッパを先頭に、鉄砲かついでキャンパスのなかをねり歩いたりしているのを見たあとでは、私自身の戦時中の記憶とあいまって、彼等のまわりから何かしら薄気味悪いものが漂いはじめるのである。〉（安岡章太郎『アメリカ感情旅行』）

江藤がプリンストンで教員になった年、ケネディ暗殺事件が起こった。礼拝堂で追悼式が行われ、式が終わって外に出ると、空軍少尉の軍服を着ている教え子のひとりがいた。

江藤は声をかけた。

〈「軍服を着ると、なかなか立派じゃないか」

と私はいった。

「学校から通達があって、兵役にある者はみな軍服を着ることになったんです」

と彼は嬉しそうにいった。〉（江藤淳『アメリカと私』・傍点引用者）

江藤には、軍服に対するアレルギーがない。

一方、学徒動員された安岡には、ある感情があった。

〈恐怖をおぼえたりするのは、たしかに私のおもい過ごしにちがいない。彼等はただ軍服をまとっているだけで、善良な市民の義務をはたしつつある学生にすぎない。しかし身近に彼等をながめると、「われわれは軍隊を持っておりません」と元首相吉田茂氏のいった言葉を憶い出し、たしかにわれわれは未だ現在のところでは「軍隊を持っていないに等しい」ことを喜ばないわけには行かなかった。〉（安岡前掲書）

この感情は、江藤には見られない。

江藤は、プリンストンの学生たちの姿を、短髪で、短めの白ズボンに、白の木綿の靴下、背中に大学のシンボルである虎をオレンジ色で描いた洗いざらしの白っぽい上衣を着、その下からネクタイなしの白シャツをのぞかせて、小脇に数冊の本を抱え、怒ったような顔をして学内を往来している、と描写している。

こうした雰囲気を持った学生たちは、まるで、かつての日本に存在した「書生」の概念に近い連中ではないかと、江藤は思い、

〈私は、そのときほんの一瞬の間ではあったが、周囲に士族とでもいうべきものを感じたのである。が、それは単に、あまりに反士族的なものが充満している東京から来た私が、異質の学園に触れて、自分のなかで眠っていたなにかを喚《よ》び覚されたために感じた幻覚だったかもしれない。幻覚である

にせよ、これは快い体験であった。私は、ここには依然としてあり、戦後の日本からは消え去ってしまったある精神を想った。私は、両の眼に涙がにじみ出てくるのを感じた。〉(江藤前掲書)

と書いた。

†江藤は、安岡の『アメリカ感情旅行』を最高に評価した

では、こう書いたからといって、文芸批評家としての江藤が、安岡の著『アメリカ感情旅行』を否定しているかというと、とんでもない、「安岡氏の名作『アメリカ感情旅行』」(毎日新聞『文芸時評』昭和四十六年三月二十五日)と最高の評価を与えているのである。

江藤は、アメリカ留学の準備をしていた時、ひそかにアメリカに留学した人たちの旅行記を買い集めた。一体、アメリカで人は何を見、何を感じたかを、探り出そうと懸命になった。

まず、出会ったのが、小宮隆太郎の『アメリカン・ライフ』だった。

しかし、この本をある種の名著と認めたものの、頭に金輪を嵌められたような気持になって、江藤は、「癇癪をおこしそうになった」(「アメリカで旅行者が見るもの」、『江藤淳著作集』続4所収)と書いている。

スーパーマーケットの利用の仕方、パーティーの仕方、小切手の使い方などを説く懇切な本なの

に、「読んでいるうちにどういうものか私はこういう肌ざわりの人とつきあうのがいやなので、文学部などという役に立たないところに行った」（同）とまで書いている。
安岡の『アメリカ感情旅行』に対する江藤の感想を、少し長くなるが引用してみる。

〈「アメリカ感情旅行」という洒落た題の本を読んだときも、私は別の意味で恐怖にとりつかれた。この本は「アメリカン・ライフ」とはちがって私に癇癪をおこさせはしなかったが、「もう少しなんとかならないものかなあ」とか、「やっぱりそうなのかなあ」というような感想を呼びおこすうちに、何ともいえない寂しい気持に人をつきおとすのだ。私は何度か胸の痛むのを覚え、著者といっしょにいつの間にか途方に暮れている自分を発見して、「やれやれ」と思ったものである。この「やれやれ」は、もちろん「やれやれ、大変な国に行くことになってしまったものだ」という意味である。いまから思えば、「アメリカ」という言葉にこういう神経の立てかたをするのは、疑いもなくわれわれがアメリカと戦争をして負けたことがあるからである。（略）

われわれは文字通りアメリカに完敗し、しかも七年間の永きにわたって占領されたのである。この点を意識から追放したがるわれわれの心理は、多分いわゆる「転向者」の心理に似ているにちがいない。日本人は戦争に負けたとき、敗戦をそのまま受けいれるにはあまりに誇り高く生きすぎていたので、いっせいに「勝ち組」に転向したのである。つまり「負けるが勝ち」といういろはがるたの文句を実践したのである。だから面白いことに日本を一歩も出ないかぎり、われわれは容

易に「アメリカ」と自分を一致させることができた。（略）

しかし、「転向者」といわれる人々がときどき自分の過去を思い出したり出させられたりして、辛い思いをするのと同じように、「アメリカ」と自分を一致させて来たと思い込んでいるわれわれは、当のアメリカに出かけたとたんに負けた過去に直面させられる。（略）

だから安岡氏の「アメリカ感情旅行」を読んだとき、私が「やれやれ」と思いながらほかの旅行記には感じることのできなかった身につまされかたをしたのは、この本のなかにあきらかにあの「負け組」の視線がかくされているからだと思う。〉（江藤淳「アメリカで旅行者がみるもの」）

✝安岡が「アメリカのウィスキーはマズイ」といったとたん、座は凍りついた

江藤のいう「負け組」の視線とは具体的には何だろうか。

『アメリカ感情旅行』には、次のような挿話がある。安岡は、ある日、ナッシュヴィルに来てはじめてパーティーに招かれる。

中国系の経済学部教授T氏のホームパーティーであったが、そこで、安岡はまたもこだわりを感じてしまう。

〈アメリカへ着くと早々、アメリカ人ではなく東洋人の家へよばれるということに、私はまた別

の意味のこだわりを感じるのである。われわれはやはりこの町で人種的差別を受けているのだろうか。考えてみたって役に立たぬことだが、やはり気になる。（略）

いざ自分が「偏見をもって見られているのかもしれない」と思っただけで、もう眼がふさがれてしまったような気分になる。分厚い壁の前に立たされて、あらゆるものを遠隔操作でながめさせられているようなイラ立たしさを感じるのである。〉（安岡章太郎『アメリカ感情旅行』）

T教授のパーティーによばれたのは、安岡夫妻のほかアパート探しにつき合ってくれた日本人留学生のI君、日系二世のK助教授夫妻、中国からの留学生五、六人であった。そのなかで、T教授夫人だけが白人だった。

テーブルには、T教授が腕をふるったワンタン・スープと蒸しギョウザと焼飯が並べられる。安岡は、ワンタンを一つ口に入れ「Very good」とようやく英語が出た。

T教授夫人が、飲み物はウィスキーがいいか、ビールにするか聞いてきた。

安岡は、答えた。

〈「ぼくはアメリカ製のウィスキーは日本製よりマズイと思いますから、ビールの方がよろしい。ビールも人によっては、日本のが世界一だといいますが、ぼくはそうは思わない……」

いったい何のつもりで、こんなことを言い出したのか、私自身にもわからない。わかったのはテ

ーブルのまわりが一瞬、凍りついたように静まりかえってしまったからだ。〉(同)

T教授夫人は、眼鏡の奥から灰色の眼を光らせて、「I don't like Japanese Sake.」と冷たく言った。せっかくご馳走に呼んでもらいながら、何たる失言と反省しつつ、安岡は、だが、何故夫人は怒るのか、アメリカ人は率直さを愛するはずではなかったか、などと口の中でつぶやき返していた。

その時である。

〈となりの二世のK夫人が、ギョウザをナイフとフォークとでつつきながら、英語で、「わたしは日本の食べものが、どうも好きになれませんの。何て言いましたかしら、あの米の上に生の魚をのせたもの、そうそうオスシ、あれ、どうしても嫌い」

と一座に向って宣言するように言うのをきくとまた口が動きだしそうになる。――アメリカで育ったくせに、スシ食って、うまいもまずいもあるものか。しかし、これを言ったが最後、五十マイルの夜道を歩いて帰る覚悟をしなければならない。私はやっとのことで、「愛国心」をなだめすかした。〉(同)

しかし、安岡の妙な心持ちは、これで一件落着とは行かなかった。パーティーが終って同じ車でI君、K助教授夫妻と帰途に就くと、K夫人が安岡夫人に日本語で話しだしたのである。

〈「それでねえ、こっちの人に日本のことを話すときにはねえ、気いつけんとねえ。わたしら、おとうさんも、おかあさんもアメリカ人なのに、どうかすると、すぐジャップ、ジャップいわれるからねえ」〉（同）

安岡は、スモッグにつつまれた窓の外をただ眺めるしかなかった。

†大岡、憧れのニューオーリンズへ

昭和二十八年十一月二十日、列車がニューオーリンズに近づくと、大岡昇平の心は踊った。頭の中は、「ショー・ボート」、「マノン・レスコオ」、「野生の棕櫚」などという言葉がぐるぐるとまわり、列車の窓から、紅葉した木々が見え、林相はますます日本に似てくる。牛がいる。馬がいる。大岡は、手帳を取り出し、「ニューオーリンズの住人、ラフカディオ・ハーンが日本を愛したのは、日本の風土がこの辺に似ているのではあるまいか。『これを確かめねばなるまい』と記した」。（『ザルツブルクの小枝　アメリカ・ヨーロッパ紀行』）

大岡がロックフェラー財団に提出してあった研究目的は、「アメリカにおけるフランス文化の影響」であった。

そのためには、フランスの影響を求めて終点から起点までを遡る旅をしたい。ニューオーリンズからミシシッピィ河を遡って、セントルイス、ミネアポリスを経て、カナダに入る。そこから東行しモントリオールへ、そして南下して、ニューヨークに到達するという目論見であった。

しかし、この計画は、ニューヨークの財団本部のファーズ博士に一蹴された。あまりに空想的で欲張り過ぎているという意見だった。

ファーズの見解は、

〈現在のセントルイスはドイツ人の町だし、ミネアポリスはスウェーデン人の町です。あなたがその中から、フランス文化の残存物を見分けられるとは思えないのですよ。第一、そう動き回っては、虻蜂取らずです。〉（『ザルツブルクの小枝　アメリカ・ヨーロッパ紀行』）

ということだった。

見分けられないとは、侮辱であると大岡は思ったが、大岡の行程には技術的な問題があると聞かされて、引かざるを得なかった。

外国人がいったんアメリカに入ってから、カナダに赴きふたたび短期間の後にアメリカの地を踏むのは、マッカーシー時代のワシントンとの微妙な関係があるので無理だというのである。

十一月のニューオーリンズの気候は、日本の九月末ぐらいの陽気である。このあたたかさと湿気は、日本人の肌に合う。大岡は、日本に帰ったような気持になった。

憧れの地ニューオーリンズの停車場に着いたとたん、「大岡さん」と声をかけられた。大岡は驚いた。しかも、声の主は、未知の人である。

その人は、Iさんといい、ハワイで邦字新聞の記者をした経験があり、現在はニューオーリンズで海産物の卸をやっているのだ、という。邦字新聞のロス支局から大岡がニューオーリンズに行くと連絡があり、Iさんが奥さん同伴で出迎えてくれたのだ。

〈あこがれの土地について、また日本人に会って、ぼくががっかりしたと書けば、大変な礼儀知らず恩知らずということになるだろうが、文学的旅行者の偏愛に免じて、許していただきたい。(略)直ちにぼくを車で自宅に連れて帰り、奥さんの手料理のおみおつけとエビフライを喰べさしてくれた。

「なつかしいでしょう」

と奥さんはおっしゃるのだが、日本を出てからまだひと月にしかならないぼくは、アメリカの料理でたくさんである。〉(同)

何ともつれない書きぶりだが、翌二十一日は土曜日にもかかわらず、大岡は、テュレーヌ大学フランス文学部のある教授を訪ねる。

大岡の訪問目的を知ると教授は、読むべき本をメモ書きしてくれた。さらに、アメリカのスタンダール研究は紹介の域を出てなく、学生もゾラ以前は興味を持たないと説明してくれた。大岡はスタンダリアンの名誉にかけて、スタンダールに関してはフランス語を使ったが、教授はずっと英語で答え続ける。

大岡は、少々がっかりする。

〈英語はとにかく横浜を出てからひと月、まがりなりにも毎日使って来た言葉だ。この方が二十年日本で読んでいたフランス語より通じたのである。

教授の専門をきいて恥をかいた。日記にはBではじまるとしか記してない。ラシーヌの同時代の劇詩人なる由。これですっかりおじけづいてしまった。〉（同）

†大岡は、さっぱりした身なりの黒人にいわれた。「君は前の席に座るべきだ」

翌々日の月曜日、大岡は再びテュレーヌ大学へ行く。

今度は電車で行った。前方の席は白人で一杯だったので、後ろのあいている席に坐った。そこは、黒人用の席だったが、大岡の気持ちとしては、黒人の席に白人待遇を受けている日本人が座るのは、二等の切符で三等の席に乗るようなもので、まあいいだろう、ということだった。

ところが、大岡の並びの席に坐ったさっぱりした身なりの中年の黒人が、

〈僕を固い眼で見ると落ちついた声で、「きみは前へ坐るべきだ」といった。黒人がその差別的座席を、侵犯されたがらない気持は理解出来る。

「ソーリー」と挨拶して、前方の白人区域の通路へ進んで立ったが、これは遠慮が過ぎたようである。〉（同）

なぜなら、帰りもやはり電車に乗った大岡は、混んでいる白人席に最初から割り込んだ。すると、あとから乗った白人があっさり「カラード」と書かれている札を一つ後ろのベンチに架け替えて坐った。

大岡は途惑わざるをえない。

〈この処置を白人も黒人も、僕に教えてくれようとしなかった〉（同）

からである。

この夜も、大岡は、Ｉさんの家に招ばれている。Ｉさんは、戦前からニューオーリンズの住人だった。日本人が多く居住する西海岸から遠く離れた南部という場所柄のため、強制収容所に行かずにすんだ。

大岡は、考える。旅行者は違った土地では違った人間に会いたい。しかし、ニューオーリンズでは、通過する日本人の方がよほど珍しいとみえる。

〈毎日晩飯に招んで下さる好意を、僕は無下に断ることは出来ない。ニューオーリンズにいる限り、Iさんから離れることが出来ないのは明瞭になっていた。奥さんの心をこめた手料理は、相変らずの味噌汁、メキシコ湾の蝦の天ぷらと漬物である。それが日本を離れてやっとひと月の人間には、別になつかしくも、ありがたくもないということを、この好意に充ちた同胞は想像出来ない。僕が予定を二日早めて発ってしまうのが、Iさんとこの味噌汁のためだということを、理解してもらう手段はないのだ。〉(同)

†大岡、エール大学へ。やむなく米の飯を炊く

二ヵ月ぶりにニューヨークで福田恆存に会ったのち、大岡は、エール大学があるニューヘヴンへ向かう。

ここに五ヵ月間滞在するのが、ロックフェラー財団との約束であった。

せっかく外国に長期間滞在できるのだから、ニューオーリンズ見物とニューヨークでのオペラと音楽会通いをすませてしまえば、大岡は、できるだけ早く憧れのパリへ行きたかった。

しかし、ロックフェラー財団の理事会は、滞在期間の半分以上をアメリカで過ごす計画でなければ

ば、奨学金を出してはくれなかった。

ニューヘヴンでは、老婦人が経営するアパートでほぼ自炊生活を送った。

あれほどニューオーリンズで嫌った和食だが、大学通いをしばらくするうち神経を痛めたのか、町の安食堂での料理を大岡の胃が受けつけなくなっていた。

「四十歳をすぎて異郷の一人暮しは楽でない」（同）と大岡は、ニューヨークでそうめんと味の素と醤油を仕入れてきて、アパートのキッチンを週五十セントで借りた。

〈朝飯は手製の冷索麪《そうめん》にしたのが始まりで、やがて南カロライナの米の飯を炊き、ビフテキやゴッタ煮を作って、晩飯も済ますようになった。〉（同）

食事の面はどうにか解決できたが、エール大学には不満があった。

〈エール大学の図書館は、ディヴァン版のスタンダール全集を持っていなかった。新刊のスタンダール研究書は始終借り出されている。アメリカにいる限り、アメリカ文学を研究する方が利口だと気が付いたのは、やっと三月目だった。

アメリカ文学で僕に最も興味があるのはエドガー・アラン・ポーである。もし僕の英語が充分であり、リンカーン・ストリートの下宿生活が快適なものであれば、残りのふた月で、必要な知識を

蒐集するに充分だったかもしれない。〉（同）

大岡は、ポーへと研究のテーマを変えた。

ロックフェラー財団は鷹揚にもポーのゆかりの地を回る費用を出してくれ、リッチモンド、シャーロットヴィルなどのヴァージニア州訪問、ついでにピッツバーグの製鉄工場見学までアレンジしてくれた。

大岡は、アメリカ生活の不満ばかりを訴えるのは忘恩のそしりを免れまいと思ったが、もうひとつ、車の免許が欲しかった。その理由を、大岡は、こう考えた。

〈旅行者にとって、アメリカ社会はちょっとわかり難いところがある。彼等は所謂オープン・ハーテッドで、一度で十年の旧知のように、腹蔵のない話が聞けるが、二度聞く確率は至って少い。アメリカン・カインドネスをもって、あとからあとから到着する新参者を、心を開いて迎えるのに忙しいからだと察する。

止むを得ず街頭観察ということになるが、これがなかなかうまく行かないのは、つまりアメリカには「街頭」というものがないからである。〉（同）

大岡にいわせれば、街頭、街路は、自動車の通路に過ぎないということになる。

自動車は、歩行者からはうかがい知れない部分を持った閉鎖された一種の個室である。つまり、アメリカ人は家庭と事務所（会社）と自動車の三つの家を持っている。それに引きかえ、旅行者は家の変形たる個室をひとつホテルやアパートに持っているのにすぎない。

†大岡は考えた。「アメリカで車を持たないのは半人前にも足りないのではないか」

そんな半人前にも足りない人間にアメリカ社会がわかるはずがない、というのが大岡の車待望の理由であった。

しかし、車を持つことは、大岡の二年後に同じ財団留学生としてアメリカにやって来た阿川弘之のようにはいかなかった。

加えて阿川の場合は初めて夫人同伴での留学となったが、この点でも、大岡はロックフェラー財団一期生として、何かと留学制度の不備を味わうこととなった。

大岡は、のちに語っている。

〈「おれ、向こうで自動車の運転を習いたいといったんだ。そうするとロックフェラーから金をもらってきているやつが自動車を習うなんてもってのほかだって、坂西さんに怒られちゃった。」〉（大

岡昇平　埴谷雄高『二つの同時代史』）

車を持つことはかなわなかったが、旅行者が何を参考にアメリカを見ることになるのかという点について、大岡は、次のように言う。

〈新聞記事や映画などが唯一の資源だが、無論これはアメリカ人が「作った」もので、嘘は自分で見つけなければならぬ。そのためには事実を知らねばならぬという悪い循環になって、とても手に負えたものではない。

結局、旅行者の寂寥に映った影のまた影を書き綴るということになる。僕は今後紀行文とかリポルタージュとかいうものは、全然信用しないつもりだ。〉（大岡昇平『ザルツブルクの小枝　アメリカ・ヨーロッパ紀行』）

この大岡のきびしい感想は、現代にも通じるものがある。

はたして、アメリカに駐在する第一線の特派員、ジャーナリストでさえ大岡の説く弊から逃れているかどうか、大いに疑問とするところである。

大岡にとっての唯一ともいってもよい楽しみは、福田恆存が在米の時は一緒に、福田がロンドンへ旅立ってからはひとりでニューヨークに行き、オペラに通うことだった。

そのあまりの頻繁さにロックフェラー財団のお偉方が呆れて、「私達にはそんな金はないのに」といったほどだ。（同）

昭和二十九年五月一日、大岡は、パリに到着する。

〈ホテル・ドノオはオペラ座に近い。（略）アメリカのホテルに比べて、万事古臭く汚いが、コーヒーとパンのうまさ。馬の小便みたいなコーヒーを六ヵ月飲まされたあとで、生き返ったような気持だ。〉（同）

大岡はパリの町に感極まる。

〈とにかくここは長い間、気ままに生活を作って来た人達の習慣の積ったものがある。どんなつまらない横丁でもみんな風情をもっているのである。この文明は今は死につつある。自惚れと冗談と観光プログラムと自由のお蔭で、フランスはここ百年以来一度も戦争に勝ったことがない。しかしこれは美しい死だ。衰えた娼婦だが、美しい娼婦である。自分もここで死んでもいいと思う。無論旅の疲れの幻想だが、そういう幻想が起きるほど、パリは美しく死につつある。〉（同）

もちろん、大岡は、前述のように、アメリカ滞在を可能にしてくれたロックフェラー財団とその

きっかけをつくってくれた坂西への感謝の気持ちも忘れてはいない。それが、

〈「福田は帰ってから、『平和論のすすめ《ママ》』という例の論文を書いてアメリカのために大いに貢献したんだけれども、おれは何もしない。ま、前にもいったが五年間アメリカの悪口をいわなかった。それだけだよ（笑）。」〉（大岡昇平　埴谷雄高『二つの同時代史』）

という表現となった。

大岡のこういった言葉尻や雰囲気をとらまえて、ロックフェラー財団の文士留学プログラムはアメリカにとって親米家をつくるための効果があったと評価するむきもあるようだが、大岡は、ソ連に招待された時も、まったく同じことをいっている。

〈「その（昭和三十九年の中国招待旅行・註）二年前におれはソ連に行ってるんだ。それでソ連の内情がわかっちゃってたということがあるよ。（略）

あとでソ連紀行を書いたけれども、やっぱり招聘されているんだから、ソ連のそんなところは書かなかった。アメリカと同じ五年ぐらい義理を立てたかな。」〉（同）

大岡とは、このような言辞をふつうに吐く人と思った方がいい。

†安岡は、「ロックフェラー財団の経理部はなぜ黒人ばかりなのか」、とその不自然さをいぶかった

安岡章太郎は、五ヵ月の間、図書館に行く以外は大学に行くことはあまりなかったが、ナッシュヴィル周辺を精力的に動き回った。

大岡のいう「旅行者の寂寥に映った影のまた影」であるかもしれないが、安岡の『アメリカ感情旅行』は、江藤淳のいう「ほかの旅行記にない身につまされかた」をさせる部分がある。

「南部貴族」の出だというある大学教授の家のパーティーに招かれた時のことである。アルコールで顔を赤くした白髪の紳士がいきなり、

〈「いいかね君、同じアメリカでも南部と北部のちがいは、日本とアメリカのちがいよりもはなはだしいんだぜ…」と話しかけてきた。（この人物は小説家ということだった・註）「わたしは日本の小説では太宰の『斜陽』を読んだきりだがね、ああいうものはわれわれ南部人でなければ理解できないんだよ」（略）太宰がそんなふうに読まれているとは意外だったが、また当然のような気がした。〉（安岡章太郎『アメリカ感情旅行』）

別なところでは、南部で「戦争」といえば第二次大戦より南北戦争を指すのであり、大学でも南軍将兵の子弟は月謝を半額にしてくれたと聞かされる。

敗軍の将、リー将軍の誕生日は南部の祝日であり、リンカーンは敵だとも聞かされる。昔堅気の南部人からは、「南部には黒人問題などはない。そんなものは北部の連中が勝手につくったつくり話だ」、とも諭される。

そういえばと、安岡は、ニューヨークにあるロックフェラー財団本部の光景を思い出す。安岡夫妻は、ロックフェラー財団の経理部を訪ねた。高層ビルの四十階か五十階にある部屋からは、雲と摩天楼の稜線が見晴らすことができた。当座の滞在費や旅費やらで五百ドルを手渡され、安岡は、主任の黒人と握手をした。

そのとき、安岡はまわりを見廻した。そして、その部屋の職員全員が黒人であることに気がついた。

〈みんな箱から出てきたようにキチンとした服に身を包み、弦楽四重奏でもききに来た客のようにシンとして、そろりそろりとタイプライターを打ったり、書類のページをあけたりしている――。そのしずけさ。まるで絵にかいたような模範的な執務ぶり。ふと私はガラス箱の中の標本をおもった。すると部屋全体が「信頼」を閉じこめた標本箱みたいに見えてきた。「ごらんなさい、われわれは黒人をこのように信用し、現金のとりあつかいをすべて彼等にまかせています」と無言のうちに、世界中からやってくる留学生の一人一人に呼びかけているようだ。これは私の思い過ごしだろうか。そうかもしれない。しかし私は、この部屋に黒人ばかりが集められていたこと、それも他のどこでも見たこともない身奇麗な黒人ばかりがより合っていたことに、ある不自然さを感じないわけには行かなかった。その不自然さが何に由来するかはともかくとして……。彼等はファースト・シティズンの橋頭保にとりついた尖兵なのだろうか。〉（同）

こういう感覚を確認するだけでも、安岡の『アメリカ感情旅行』は読むに値する。

安岡は、ファースト・シティズンという言葉にこだわる。

ファーストがある以上、セカンドもサードもあり得る。

その場合、どうしても色分け、つまり肌の色で区別したがるのではないかと、安岡は考える。黒人が皮膚の色を気にするのは白人以上であり、だからこそ彼等はプアー・ホワイトや黄色人種に対して、白人以上に横柄な態度をとるのではないかとも考える。

大岡昇平も、安岡とまったく同じことを感じていた。

〈旅行者として接するアメリカの黒人は、寝台車のボーイやポーターである。或る黒人はよく、或る黒人は悪い。普通のアメリカ人にみられない哲学的風貌を持ったポーターもいれば、狡猾な阿諛者もいる。しかし大体において、旅行者の東洋人にとっては、警戒すべき相手である。（略）

クロヴィスとヒューストンの間の食堂車の黒人のボーイは、「コーヒーをくれ」という私の英語をわからないふりをした。そばにいたアメリカ人に、

「君はこの紳士にコーヒーを出さなければいけない」

といわれて、はじめて、サーヴした。〉（大岡昇平『ザルツブルクの小枝　アメリカ・ヨーロッパ紀行』）

同じロックフェラー財団留学生だった有吉佐和子のアメリカ体験が書かせた小説『非色』にもそうした傾向はある。

アメリカ留学は、安岡をバリバリの親米家にかえることはなかったが、その心理に大きな痕跡を残した。ロックフェラー財団による留学は、アメリカを考えさせるきっかけを与えた。それだけでも、ある一定の効果があったといってもいいのではなかろうか。

留学をふりかえって、後年、安岡はいう。

〈「アメリカに行っている間、僕は朝から晩まで自分が日本人だということばかり考えていました。そんなことは全く閑人《ひまじん》の証拠でね、向うへ行っても、ちゃんとした仕事をする人は、自分が日本人であることを忘れているでしょう。自分の皮膚の色なんか忘れてますよ。ところが僕はそれしか考えられなかった。

朝、目が覚めて、最初に会うアメリカ人と話すとき、パッと言葉ができるときがあるわけ。そうすると、大体一日じゅう英語がうまくできるんです。逆に何かいわれても、答えができなかったりすると、もうその日一日中何もできない。そういうものだったね。英語ができないということと差別感を結びつけることはよくないですが、それもあるんだな。

敗戦以後、特に差別感を自分の中に持たざるを得なかったけれども、白人に対する劣等感というべきもの――どうして自分たちは西洋人のように生活できないのかということは、僕には戦争の前からあった。」〉（安岡章太郎『僕の昭和史』）

第五章

江藤淳、英語と格闘す

†〝危険な思想家〟江藤淳は、坂西志保とロックフェラー財団から三年間もウオッチされていた

「小林秀雄論」が、『文學界』昭和三十六年十一月号で完結したとき、江藤淳はすでに、「翌年の夏、ロックフェラー財団の研究員として、米国に留学する」(「『文學界』との四半世紀」)ことが決まっていた。

だが、江藤には、なぜ、自分が財団の留学生に選ばれることになったのか、見当がつかない。

しかも、「六〇安保」では、江藤は、「若い日本の会」で大江健三郎氏や開高健とともに、反対運動をしていた。江藤の自筆「江藤淳年譜」には、こうある。

〈「昭和三十五年(一九六〇)二十七歳(実際は二十八歳。晩年に至るまで江藤は、生年を実際の昭和七年ではなく昭和八年としていた・註)

五月、所謂安保問題おこる。先年の「発言」の参加者たち(前年夏の『三田文学』シンポジウム「発言」の出席者たちを指す。石原慎太郎、谷川俊太郎、浅利慶太、武満徹、大江健三郎、羽仁進ら・註)と独自な立場で行動することを申し合わせ、危機感にかられて国会の機能回復、反岸政権の実現のために

奔走す。自民党反主流派、社会党、全学連両派の人々と接触す。ときあたかもハガティ事件がおこり、九仞の功を一簣にかくと感ず。進歩派内部におけるファナティシズムの跳梁と現実認識の欠如に憤りを発することが多く、反政府運動家の眼中に一片の「国家」だになきことに暗然とす。〉（『新編江藤淳文学集成』5　思索・随想集）

江藤は、「『文學界』との四半世紀」（『文學界』昭和五十八年十月号）のなかで、アメリカに行ったのち二十年もの時間が経過しても、「なぜ、あのとき自分が選ばれたのか、よくわからないままである」と述べている。

だが、「六〇年安保」の時も、さらにその直後も、江藤の言動を注意深く見守っている人たちがいたのである。

坂西志保と、ファーズ博士を中心とするロックフェラー財団の人々である。

江藤の言説のどのような部分が、坂西らの注意を引いたのだろうか。

それを推量する手段として、たとえば、江藤の「六〇年安保」に関する論文である「〝戦後〟知識人の破産」（『文藝春秋』昭和三十五年十一月号）を例に引いてみる。

江藤は、この論文で、丸山眞男に言及している。

江藤の初期を代表する作品のひとつ『作家は行動する』は、丸山の影響を多分に受けている。が、「六〇年安保」が終わってみると、江藤は丸山の政治的発言には疑問を抱かざるを得なかった。

丸山は安保騒動のさなかに「復初の説」という講演を行い、「ものの本性、事柄の本源」は、昭和二十年八月十五日にあるとした。宮沢俊義の「八・一五革命説」（「八月革命の憲法史的意味」『世界文化』昭和二十一年五月号）とともに、「復初の説」は革新陣営に大きな影響を与えた。

江藤は、この「復初の説」を〝幻覚〟と断じた。

間違いなく、八月十五日は大切な日だ。十五年前の八月十五日、日本は戦争に負けた。そして法律・制度が変わることになった。

だが、人間まで変わったのだろうか。

八月十五日を絶対視する理想主義は占領下という温室に咲いた徒花であり、理想家の時計だけが、八月十五日正午で止まっているのではないか。これは、ある種の虚脱である、と江藤は説いた。

さらに、

〈問題は、しかし、虚脱そのものより、虚脱の合理化にある。（略）虚脱の合理化の意味するものは一種の思想的鎖国の完成である。世界は変るがいい、国際関係は変転するがいい。しかし、日本だけは、八月十五日で停止させられた時間のなかに閉じこもって、一切の動きを拒まねばならぬ。これが鎖国の意味で、鎖国は今日まで続いている。〉（江藤淳「〝戦後〟知識人の破産」）

この時期、江藤は、「六〇年安保」をめぐって、「ハガティ氏を迎えた羽田デモ」（『朝日ジャーナル』

昭和三十五年六月十九日号）、「政治的季節の中の個人」（『婦人公論』昭和三十五年九月号）と立て続けに書いている。

山田宗睦氏は、のち（昭和四十年）ベストセラーとなった『危険な思想家　戦後民主主義を否定する人びと』（カッパ・ブックス）のなかで、江藤の論文「〝戦後〟知識人の破産」を取り上げて、批判した。

この本のなかで、江藤は、安倍能成、武者小路実篤、竹山道雄、林房雄、三島由紀夫、石原慎太郎、高坂正堯などと並んで〝危険な思想家〟にリストアップされている。

その山田氏そのものを、江藤はやはり昭和三十五年に、「『体験』と『責任』について」という論文でとりあげ、

〈（山田）氏の論文から浮かびあがって来る筆者のイメイジは、篤学で、感傷的で、権威を愛し、その故に正義感にみちている、あの鈍感で善意の日本のインテリゲンツィアの顔である。彼らは西田哲学と「取り組ん」だり、マルクスを「やった」りはする。あるいは生き方を考えたりする。しかし決して生きはしないし、自分の頭で考えもしない。〉（江藤淳「『体験』と『責任』について」、『現代の発見』第6巻「戦後精神」所収、書き下ろし。傍点は原文）

と容赦がなかった。

†江藤の留学を財団に推薦したのは、福田恆存だった

梅森直之氏の「ロックフェラー財団と文学者たち――冷戦下における日米文化交流の諸相」には、興味深いことが書かれている。

梅森氏は、ロックフェラー財団アーカイブスで江藤淳関連のファイルを見つけている。そのなかでもっとも古いものが、坂西からファーズ博士宛ての書簡で、昭和三十四年五月十四日付だ。

そこには、

〈私のレポートでは、江藤淳について書いた。近いうちに会いたいと思っている。福田（恆存・註）は、新人たちの中で彼が最も優れていると考えている。（略）その思考様式は活動的で実際的である。しかしながら、彼の書いたものを注意深く読んでみたが、まだ彼の方向性はわからない。〉（前掲、梅森論文）

とある。

この資料から読みとれるのは、坂西に江藤と会うことを積極的に推薦していたのはともに大磯の住人だった福田恆存であったこと、そして、江藤がロックフェラー財団派遣の留学生に決定したの

は昭和三十六年だったから、江藤は、少なくとも二、三年の間、坂西とロックフェラー財団からその言動をウオッチされていた、ということである。

のちに、憲法問題や無条件降伏論争や占領軍の検閲問題をめぐって、江藤と福田の関係はギクシャクしたものになるが、当時は、「いわゆる戦後文学は、大岡昇平と福田恆存以外はあまり読まなかった」（江藤淳「文学と私」）とあるように、互いに認めあっていた。

梅森氏は、続いて、昭和三十六年三月三十一日付の坂西からファーズ宛ての書簡を発見する。

〈私が念頭に置いているもう一人の若い批評家は、江藤淳である。過去三年にわたり、私は彼を注意深く見守ってきた。彼は、慶応大学の出身であり、およそ二九歳である。これまで我々は、幾人かの小説家を派遣してきた。今度はもう一度批評家を派遣してもよいだろう。〉（同）

ここで、「もう一人の若い批評家は江藤である」、と坂西は述べているが、もう一人という言葉が出てくるにいたるさらに〝もう一人〟の批評家とは、誰だろうか。

年齢からみて、前出金志映氏の論文「ポスト講和期の日米文化交流と文学空間」のなかで、留学候補者のひとりとしてロックフェラー財団関係者が接触したとされる村松剛（昭和四年生まれ）のことだろうか。「もう一度批評家を派遣」とある部分の批評家とは、もちろん福田恆存のことである。

†江藤に坂西がいった。「プリンストンにいらっしゃい」

江藤は、

〈私は、あたかも坂西女史の意志のままに、いつの間にか米国に留学することになってしまったかのようであった。〉（「『文學界』との四半世紀」）

という。しかも、留学先を決めたのも坂西だった。

坂西は、江藤に、「プリンストンにいらっしゃい。ハーヴァードは日本人が多すぎて、英語が上手になりませんから」（同）とアドバイスした。

江藤が財団に提出した当初の留学のテーマは、「十八世紀英米文学研究のため」であった。

昭和三十七年（一九六二）七月二十七日、江藤は夫人とともにカナダのヴァンクーヴァー空港に到着した。

ヴァンクーヴァーに出張していた合衆国移民局の担当官から、パスポートに入国許可のスタンプを押してもらった。

ヴァンクーヴァーでは、加藤周一の歓待を受け、九月一日、ロサンゼルスに入った。

アメリカを訪れるのは、江藤にとって、生涯初めての経験である。

同じ昭和三十七年、江藤が〝進歩的文化人〟として論難した当の相手である丸山眞男が、ロックフェラー財団の別の留学プログラムで短期留学している。その留学先は、アメリカではなくドイツであった。（前掲梅森論文）

梅森氏は、いう。

〈その境遇は、文学者の場合と異なり、また多様であった。しかしながら、かれら社会科学者の場合も、かつての「敵国」であり「占領者」であったアメリカからの援助を、みずからのキャリア形成の一部をしたという点においては、文学者と選ぶところがない。〉（同）

この梅森氏の言葉は、重い。

丸山のみならず、梅森論文によれば、昭和三十年には細谷千博、昭和三十一年には勝田吉太郎、森島通夫、坂本義和、昭和三十四年には芦部信喜らが、ロックフェラー財団の援助で海外に出掛けている。

この人選は、ロックフェラー財団がもつ資金量の豊富さ、思想の幅広さ、度量の大きさの反映だろうが、のちに反米の旗を掲げる人物もそのなかには含まれており、文士だけでなく社会科学の分野でロックフェラー財団が果たした役割、冷戦に臨んでのアメリカのソフト・パワー戦略のあり方は、考えてみるに十分値する。

たぶん、お金、つまり留学資金とチャンスの間の乖離に悩んだのは、福田など文士だけのことではなかったろう。丸山をはじめとする学者たちの心中にもそれなりの自己合理化の過程があったはずである。

江藤は、昭和三十七年からの二年間をアメリカで過ごす。

帰国してすぐに書いたのが、『アメリカと私』である。その冒頭部分で、

〈もし私が、ある種の日本の幸福な若手学者たちのように、しばしの米国滞在を、自動車が持てて「外人」とつきあえる長い休暇だと観念していたら、いっそ気が楽だったに違いない。しかし、私には、そうするためには人生があまりに短かすぎるように思えた。（略）

そういう暮しかたをとにかく二年間つづけて来たにもかかわらず――あるいはそのために――、私は、いま自分のうちのなにかが変ったと感じている。それは、どんな親しい友人ともわかち持てない一部分が、自分のなかに出来てしまったような感覚である。〉（『アメリカと私』、傍点原文）

と江藤はいう。

その「なにか」とは、新帰朝者である永井荷風が「監獄署の裏」で、「閣下よ。私は淋しい…」と絶句したとき、その身内に覚えたものに似たようなものではないだろうか、と江藤は感じ、あるいは、森鷗外の「かのやうに」の主人公五条秀麿が、「附合に物を言っている」ような人物になり

変って帰国した理由である、あの「なにか」のせいではなかったろうか、ともいう。

『アメリカと私』は、『朝日ジャーナル』の昭和三十九年九月六日号から十一月八日号にかけて十回連載された。江藤、三十一歳の時の作品である。

いわば、若書きの作品である。

しかし、この書は、江藤を理解する上で最大といってもよいほど重要な作品である。

すでに、『夏目漱石』、『作家は行動する』、『小林秀雄』などの多くの問題作を書き、若手批評家のトップを切っていた江藤だが、帰国後の『漱石とその時代』、『成熟と喪失』、『近代以前』、『一族再会』、『海は甦える』、あるいは、『一九四六年憲法―その拘束』、『忘れたことと忘れさせられたこと』、『閉された言語空間　占領軍の検閲と戦後日本』等々、占領、検閲、日米関係、勝海舟、西郷隆盛、近代、国家、保守、そして、晩年にかけての大きなテーマであった天皇など、いずれについても、その萌芽を『アメリカと私』のうちに見ることができる。

†「すでに一度は米国の社会と寝ていた」、と江藤は思った

ロサンゼルスに着く早々、江藤夫人は病に倒れる。到着した九月一日は、折悪しくレイバーデーの休日にあたり、ホテル内の医者もホテル近くの医院も休業していた。

江藤は、医者と病院を求めてロスの町を走り回る。幸い夫人の健康は小康を得るが、江藤の計算

では、往診費等で一一三ドル、三日間の入院費として一五〇ドル計二六三ドル（九万四六八〇円＝当時のレートでの江藤自身による計算・註）を支払った。これは、ロックフェラー財団の給付月額の約七五パーセントにあたる。

江藤は、やむを得ざる失費としての医療費を請求するため、ロックフェラー財団に長文の手紙を書いた。ＡＩＵの傷害疾病保険をも回収しようと、ロスの町をバスを乗り継いでＡＩＵのエージェントに赴いた。

かくして江藤は、三週間後にＡＩＵから契約上支払い得る全額を受け取り、二ヵ月後には、ロックフェラー財団から夫人の急病に要した費用に相当する小切手を受け取った。

この時、江藤が発見したのが、アメリカ社会における「適者生存」の論理であった。

田中和生氏は、その著『江藤淳』のなかで、急病になった夫人のために奔走していた時に、江藤が出会ったのは、さらに「他者」という概念であるという。

〈漱石のように精神を病んで外国生活を下りてしまうこともなく、あるいはお上りの観光客のようにうわべのきらびやかさを見てまわることもしない「生活者」として未知の国に降り立った江藤淳は、「他者」としてのアメリカに出会うことができた。〉（田中和生『江藤淳』）

江藤の感想である。

〈家内の病気のおかげで、私たちはいつの間にか、米国社会の内側にはいりこんでいた。不穏当な表現をつかえば、私たちはすでに一度は米国の社会と寝ていた。（略）ロサンゼルスでの手荒な洗礼は、いわば私たちを異質な文化のなかに、無理やりに押しこんだのである。〉

（『アメリカと私』・傍点引用者）

柄谷行人氏は、江藤と漱石の留学が異なるのは、

〈（江藤）氏がむしろ「転ばされる」ために、そしてそこに一種官能的な実在感をたしかめるために渡米したのに対し、漱石のばあいは「転ばされる」ことに終始存在論的な不快をおぼえていたことである。〉（柄谷行人「江藤淳論」、『畏怖する人間』所収）

と述べている。

江藤の五年前にロックフェラー財団の留学生だった小島信夫は、そのアメリカ生活を綴った小説集『異郷の道化師』の「あとがき」で、

〈必ずしもアメリカ滞在のせいばかりではありませんが、私はその頃をへて、よくいう「他者」ということを考えたり感じたりするようになった気がします。〉

と書いている。

しかしだからといって、江藤のプリンストンでの日常が、アメリカという他者と対峙するに、最初から順風満帆だったというわけではない。

むしろ、逆であった。

江藤は、大学に通いはじめたものの具体的にはいったいどこからとりついてよいものか、焦点が一向にあわなかった。

ロックフェラー財団には、「十八世紀英文学研究」というテーマは出してはいたが、財団からの条件の実際は、したいことを何でもしてよいということだった。

この何でもしたいことをしてよいというのが曲者で、二十代最後の年を迎えていた江藤を苦しめる。

〈これは実際には、お前にもし能力があるなら何かしてみるがいい、なければ昼寝をしていても文句はいわない、という意味であって、一見自由なようでありながら心理的には負担の大きな要求である。〉（『アメリカと私』）

江藤は、『偉大なギャツビイ』の作者であり、プリンストン大学の卒業生でもあるＦ・スコット・

フィツジェラルドに研究テーマを変えようとした。

が、江藤は、「私は本質的に彼らの外側にいて、内側にはいない」（同）と、フィツジェラルド研究にも力がはいらない。

江藤は、占領期の自分のあり方をふりかえってみた。

そこにあった江藤の戦後（青春ともいってよい）とは、あまりアメリカの映画を観ず、あまりアメリカの音楽も聞かず、あまり駐留軍放送も聴かなかったというものだった。アメリカとその語学的知識は、すべて日本人の教師から得たものだった。

反米、親米という枠を超えた、アメリカからのそうした心理的自己防衛策が自らを支配していたという事実を、江藤は、受けいれざるを得なかった。

†江藤はプリンストンで、「社会的な死」を体験した

講談社文庫版『アメリカと私』の解説は、プリンストン在住の日本人のなかでは最も親しくつきあった鈴木光男氏（数理経済学者）が書いているが、そこに描かれている江藤の姿は、危機の崖っ縁に立たされている感がある。

〈プリンストンの秋は美しい。それは整然とした美しさである。その紅葉は豪華で、しかも、端

正である。太陽は相変わらず照り輝いているが、空気はいよいよ澄んでいよいよ冷たく、スチームが入る日もだんだん多くなってくる。
江藤さんのアメリカ生活はこの美しい町でこの美しい季節に始まった。この頃、批評家江藤淳は「死んでいた」し、人間江頭敦夫氏（江藤の本名・註）も細々と生きている。その感じは、江藤さん自身は自分がプリンストンから拒否されていると感じているようであったが、私の方からみると、それは江藤さんがプリンストンを拒否しているようにみえた。そしてもしかすると、どこか別の都市に移るのではないかと思わせるものがあった。〉（講談社文庫版『アメリカと私』鈴木光男「解説」）

江藤も、正直に書いている。

〈私は、プリンストンに着いてから一ヵ月ないし二ヵ月のあいだ、確かに社会的な死を体験していた。〉（『アメリカと私』）

たとえば、新来者を迎えての恒例・歓迎パーティーで、江藤は、「What are you doing this year?」と問われる。訊かれるたびに、江藤は自分が「死んで」いることを思い知らされた。
この儀礼的な質問には、フィッツジエラルドをやっているといえば、それでその場がすむことはわかっていても、そう答えることを江藤の矜持が許さなかった。

〈この二流の放蕩作家を後生大事に「研究」している日本の青年、というイメージの毛皮に快適にくるまっているためには、かなりの芝居気が必要であった。時折、私は、気分次第では、〝I'm doing nothing particular. Just meditating, perhaps.〟というようなことをいった。そんなとき、相手の表情に決って浮んだ警戒とも不快ともつかぬ色を、私は忘れない。それは、いわば、表通りを行く葬式自動車を見るときの眼であった。〉(同)

こんな調子であったから、江藤はプリンストンの日本人社会でも〝異端児〟であった。まず、車のことがある。大学町・プリンストンでは、車の所有は必須である。車とは、江藤にいわせればいわば下駄である。

〈はき古しの下駄を買うといって騒ぎまわるやつがどこにあるか、裸足で暮している野蛮人じゃあるまいし、と私は思った。会えば自動車の話ばかりしている日本人留学生とその夫人たちが、私はきらいだったからである。とくにその夫人たちの際限のない好奇心と、「親切」というかたちで他人の私生活に容喙してくる貪欲な権力意志の行使は、私にはきわめて苦手であった。〉(同)

〈そこでは、たとえば、もっとも顕著に「日本的」な粘着力を示して暮らしている人々が、口では日本的なもののもっとも峻厳な批判者であるというような、奇妙な倒錯がおこっていた。そして、なお不思議なことには、これらの進歩的「近代化」論者たちは、もちろん大学出のその夫人たちを含めて「悪」の源泉であるはずの当の日本の歴史に全く無知なのであった。〉（同）

こう正しすぎる〝悪態〟をついたうえで、江藤は、自分の身は自分で守るとばかりに車を買う。江藤は、間違いなく、日本人社会の〝異端児〟となっていく。江藤夫妻をめぐって、不穏な空気が周辺に流れるのは当然なことである。

そして、「私は、好きな人間とだけつきあえばよい。それが日本人であろうが、米国人であろうが…」（同）と決心する。

このあたりの決心の模様は、夏目漱石を思わせるところがある。

〈私は此自己本位といふ言葉を自分の手で握つてから大変強くなりました。彼ら（英国人）何者ぞやと気概が出ました。今迄茫然と自失してゐた私に、此所に立つて、この道から斯ういかなければならないと指図をして呉れたものは実に此自己本位なのであります。〉（夏目漱石「私の個人主義」）

幸いアパートの隣人たち、南部出身の学生夫婦と亡命ポーランド人夫婦だったが、彼らとは円滑な関係を築くことができた。

江藤が、夫婦ともでロックフェラー財団から支給される生活費は、月三五〇ドルであった。大学町プリンストンでならこれで十分だろうというのが財団の読みだったが、三五〇ドルでは生活が苦しかった。江藤は、「夏目漱石の評伝を書いて批評家になった私は、留学中の金の不足が、精神にどんな悪影響を及ぼすものかをつぶさに知っている」(『アメリカと私』)と、増額を要求しようとした。

夫人に、つとめて倹約をしたうえで、当分の間、あらゆる領収書をとっておくようにといい、財団との交渉の材料とした。結局、財団のほうが折れて、月五〇ドルの増額を認めた。

ロックフェラー財団の別のプログラムでプリンストンにいたある学者は、江藤を例にあげて、やはり給付の増額に成功している。(同)

†小林秀雄に関する「英文原稿」の発表が、江藤を蘇生させた

そんな時、朗報が日本からやって来た。

最新作『小林秀雄』が新潮文学賞を受けたというのだ。

「これは個人的な事件である」(同)と、江藤はいうが、明らかに江藤のプリンストンでの生活を変えるきっかけとなった。

〈『小林秀雄』受賞の電報は、この二つの国のあいだにいる自分が、ほかならぬ日本語の文化の樹液を受けて生きていることを、あるひそかな誇りとともに、思い知らせた。私のなかには、自分が何であり、今どこにいるのか、という感覚が、ようやく蘇りつつあった。私は、明らかに生きはじめていた。〉（同）

同じころ、江藤は、プリンストン大学OBであるエドマンド・ウィルソンの『憂国の血糊—米国南北戦争文学の研究（一九六二）』（邦訳は、『愛国の血糊—南北戦争の記録とアメリカ精神』とのタイトル、中村紘一訳で、一九九八年に全訳が研究社より刊行・註）を知り、耽読しはじめる。江藤は、大学の図書館中を走り回り、この本で言及されている一八六〇年代の文献を渉猟した。

〈私は、ウィルソンの犀利な筆によって描き出された南北戦争という米国史の裂け目から、この国の奥深くにはいっていけるような充実感を感じて、身震いした。〉（同）

江藤によれば、エドマンド・ウィルソンとは、いわば小林秀雄と中野重治とを足して二で割ったような存在のアメリカの文芸批評家で、フランス象徴主義に通じている点では小林秀雄、若くしてマルクス主義の同伴者となり後に転向したという点では中野重治に似ているという。（江藤淳『批評家の気儘な散歩』）

そして、たとえば、南北戦争と真珠湾攻撃とを比較して、ウィルソンが、

〈わが国の一般向けに書かれた歴史では、パール・ハーバーのわが艦隊に対する攻撃は、サムター要塞に対する南部同盟の発砲よりももっとひどい倫理的破廉恥行為ということになっている。しかし、この行為をわが政府はすでに察知していたが――敵に最初の一撃を行なわせるために――日本の代表団が和平交渉を求めている時に機先を制するようなことはわざとしなかったのであるという議論がチャールズ・A・ビアードやハリー・エルマー・バーンズ氏やその他の人たちによって行なわれている。この議論は私には大いに納得がいくのである。〉（エドマンド・ウィルソン『愛国の血糊　南北戦争の記録とアメリカの精神』、中村訳）

と強調していることに、江藤は励まされたにちがいない。

ウィルソンといえば、スコット・フィッツジェラルドは、この同級生の秀才に、間違いだらけの綴りや文法を直してもらっていた。（『アメリカと私』）

江藤は、次第に蘇生していく。

『坂本龍馬と明治維新』の著者で、プリンストンに到着以来、何かと面倒を見てくれるマリアス・B・ジャンセン教授が得難い機会を与えてくれた。

「東アジア研究会」の〝コーヒー・アワー〟の第一回のスピーカーに江藤を選んでくれたのである。

ジャンセン教授の『坂本龍馬と明治維新』について、三谷博氏は、「高度の学問的著述であるが、（司馬遼太郎の）『竜馬がゆく』と同じように読みやすく、知的な魅力でははるかに上回っている」と評価している。（三谷博『明治維新を考える』）

江藤は、まる一週間を費やして「小林秀雄に関する紹介的ノート」と題する英文の草稿を作った。それを、江藤夫人が習いたてのタイプで打った。

〝コーヒー・アワー〟の聴衆は、ジャンセンをはじめとする教授たちと大学院の学生たちとからなる四十名ほどだった。四十分ほどの話が終って、質問をどうやらこなした江藤を、大学院生たちが囲んだ。

フランス文学専攻だと名乗ったある学生は、小林秀雄とT・Sエリオットとについて興奮した口調で話しかけてきた。日本思想史研究をしている学生は、小林のいわゆる「決断主義」について鋭く突いてきた。

〈私の英語は混乱して、そのいずれもに満足な答えを与えられなかったが、とにかく彼らは、私の下手な英語を笑うかわりに、そこからうけた知的刺激に敏感に反応しているのであった。私は、今、日本語の文化のなかに存在するひとりの批評家として、そのままのかたちで少数ではあるが熱心な聴衆に、うけいれられていた。〉（『アメリカと私』）

四十分間の話に相当する英語の草稿を作るのに一週間かかったというが、江藤は、もちろん、英語が苦手ではない。文士仲間では英語ができる人とされてきた。

しかし、日本語で文芸批評を書いてきた身にとっては、四六時中、英語という生活はそう容易いことではない。

†江藤は夫人にいった。「今後英語のことで君の手伝いはしないぞ」

プリンストン到着早々江藤は、ラジオのスイッチを入れたことがある。ラジオは中間選挙を控えたニューヨーク州の民主党大会を実況しているようだが、江藤は、その内容を断片的にしかつかめなかった。

江藤は、台所にいた夫人に呼びかけた。

〈「今後英語のことで君の手伝いはしないぞ」〉（同）

『アメリカと私』は、江藤がアメリカに馴れ、英語と英語社会に馴れて行く過程をきめ細かに書いている。一種の「ビルドゥングスロマン」とさえいえる。

同じロックフェラー財団の留学生だった小島信夫は、帰国直後に、次のように書いている。

〈沢山の日本人がアメリカに行ったが、どういうものか、いかなる経験と経路を通ってアメリカに慣れ、英語をこなすようになったか、あまり語っていないようである。そういうことを逐一はなしてくれたら、どんなにタメになり、また面白いかと、私は、よくアメリカにいて思った。私にしてみたら、今でも、一つ一つの単語や、文句を使いこなして行った過程を、その失敗や、相手の様子や、周囲の状況、風景、その時のこちらの気持、などとともに、昨日のことのように記憶している。〉（小島信夫「異郷で暮すということ」『朝日新聞』昭和三十三年四月十九日）

小島信夫は、小説家として一家をなしたあとも、大学で英語を学生たちに教えることをやめなかった。

英語あるいはアメリカと小島の関係は、『アメリカン・スクール』を持ち出すまでもなく小島の一生について回った。

まさに、「今後英語のことで君の手伝いはしないぞ」という江藤の言は、小島の要請にこたえてしかるべきものだった。

江藤は、後年、『漱石とその時代　第一部』のなかで、熊本に着いたばかりの新婚早々の鏡子夫人に、漱石がある宣言をする場合を描いている。

〈「俺は学者で勉強しなければならないのだから、お前なんかにかまってはいられない。それは承知していてもらいたい」〉（江藤淳『漱石とその時代　第一部』）

ここにある漱石の台詞は、江藤のプリンストン滞在の所産であろう。江藤は、いう。

〈私が、自分のなかに日本をとり戻して行く過程は、私が英語で暮すことに馴れて行くのとほぼ比例していた。そして、いくぶん自由になった英語で、私がひとりの日本人であり、文芸批評を書いている人間でもあることを主張するにつれて、私は周囲の米国人にうけいれられていった。主張をすてることによってではなく、主張することによってうけいれられて行く、というのは、あるいは米国という開放社会の特徴かも知れない。そのために英語を覚え、英語の上に組みたてられている日常生活に馴れるという努力を要求されたとしても、これはやはり驚くべき特質と思われた。〉（『アメリカと私』）

江藤の努力は実って、プリンストン滞在の二年目は、東洋学科で日本文学を担当しないかとのオファーを受けた。

「Visiting Lecturer with Rank of Assistant Professor」という身分で、五時間の日本文学（三時間の大学院セミナーと二時間の学部の講義）と五時間の日本語を教え、年俸は手取りで八千ドルだという。（のち、週十時間もの授業はあまりに苛酷すぎる負担だと、日本語を教えるということについてはジャンセン教授の奔走により取り消された。その分、年俸も減った。具体的にいくら減ったかについては、江藤は書いていない・註）

昭和三十八年（一九六三）三月二十五日、江藤は、フィラデルフィアで行われた「米国アジア学会年次総会」で、プリンストン大学からただひとり選ばれて、「Neglected Topics in Japanese Literary Criticism」と題する論文を発表する。

この日、会場には、ハワード・ヒベット、サイデンステッカー、佐伯彰一、加藤周一、ジャンセン門下のプリンストンの大学院生も交じって、約百人の聴衆がいた。

江藤は、聴衆の反応に手ごたえを感じた。

同じ会場で江藤の発表のさまを見ていた江藤夫人は、人々の反応のたしかさに、人差指と親指を丸めて江藤にＯＫサインを送った。

†江藤は、午前二時まで机に向かった

この年の六月、江藤は正式にプリンストン大学の教員に採用される。

江藤は書斎が欲しくなり、既述のように、アパートの部屋を二階から三階に移す。

一部屋多くなり、多くなった一部屋を書斎として、「普林亭」と名づける。普林とは、プリンストンの中国語読みだったが、江藤は自らを「普林亭主人」と称した。

このあたりの経緯を、「江藤は気障である」と評する向きもある。家賃は五ドルあがって百三十五ドルになった。

「普林亭」で、江藤は猛勉強を重ねる。

江藤は、「私は学者ではなかったが、学問への尊敬を持ってはいた。それは、つまり、自分が無学であることを知っているという意味である」（同）というが、日本の国文学界の権威から得た知識をそのままアメリカの学生たちに教えるつもりはなかった。

まず、国際文化振興会編の『古典日本文学』、『近代日本文学』が気に入らなかった。「妙に気取った美文調の英語」を江藤は滑稽に思い、「執筆者に顔を並べている高名な国文学者が、いったいどんな顔でこの原稿を書いたのか」（同）といぶかった。

どこの国に、「外人向け」と「国内向け」との二種類の文学史が存在するものか。どこの国に、二種類の文学史を書く間抜けがいようか。

こう思った以上、江藤には、

〈私には、自分の得たものを英語で表現しなければならないという問題が残った。

要するに、私には、「どうもお粗末な英語で」というようなことをいって、学生や同僚の前でや・に下がっているような暇はなかった。私は力をつくして自分の英語を明晰なものにしなければならない。それは生活の必要であり、同時に、給料をもらっているものの雇主に対する義務である。しかし、それでもなお私の言葉がわかりにくければ、学生はそれを理解しようと努力すべきであった。それは、自国の文学を、彼らの言葉で表現しようと努める者への、当然の礼儀である。〉（同・傍点原文）

最初の講義は、サー・ジョージ・サムソンの『日本史』に倣って日本文化を地理的条件から説きおこすことから始めた。学生たちはいっせいにペンを動かして、ノートをとる。

〈私は、いわば、それまでに思いも及ばなかった新しい生き甲斐のようなものが、自分のなかに芽生えはじめたのを感じた。それは、今まで私のなかで眠っていた「教師」という可能性が目覚めたというだけのことではない。私が、講義するという行為を通じて、過去から現在までの日本文化の全体に対して、自分を捧げているという感覚である。思えば、私はある確信をもって自分を捧げられるものの到来を待っていたのかも知れない。おそらくは深い無意識の奥底で。〉（同）

江藤は、明らかに感動し始めていた。使うべき教材の不足を、江藤自身の日々の努力で補おうとした。

〈結局、ここでも頼りになるのは自分だけであった。私は、週日の夜、ほとんど毎晩のように、午後九時からはじめて、ナッソオ・ホール（プリンストン大学を象徴する建物で、一七七六年、合衆国の独立を議するために開かれた最初の植民地会議《プロヴィンシャルコングレス》は、このホールで招集された。江藤による解説・註）の鐘が午前二時を告げるころまで、「普林亭」の書斎に籠って、傍らに、『折口信夫全集』と至文堂版の『日本文学史』をおき、前には時によって岩波版『日本古典文学大系』になったり、『国歌大観』になったりする原典をひろげ、時の移るのを忘れて、英文の講義ノートをつくった。〉（同）

〈ナッソオ・ホールの鐘は、どういうものかいつも「少年老易学難成」と鳴っていた。〉（「音」、『江藤淳著作集』続4所収）

†平川祐弘氏はいう。「私が聴いた限りでは、江藤氏の英語が第一であった」

英語と対峙していく江藤の姿勢を、山崎正和氏は、

〈外国に生活して外国語を使うということに、これほどの意識と身がまえをもってのぞんだ留学生の例を私はかつて聞いたことがない。これに較べれば、ドイツの学会でドイツ語の演説に喝采を博して、そのことを日記にしるした鷗外など、はるかに無邪気なものだといわなければなるまい。〉

（『江藤淳著作集』4山崎正和「解説」）

と評する。

江藤は、当時の勉強ぶりをさらにこうも記す。

〈実際、私は、生れてからそのときまで、これほど集中して学問をしたことはなかった。しばしば、私は、それが学生に講義する目的のものであることを忘れた。午前二時をまわって、勉強に区切りをつける時間が来ると、私は、疲れた頭を癒すために、グラスに一、二杯のシェリーを飲んだ。（略）プリンストンが、こういう充実した時間をあたえてくれたことは、感謝していいことであった。私は、ほとんど幸福でさえあった。〉（『アメリカと私』・傍点引用者）

ロンドン留学時代、「狂せり」との噂があった漱石は、自らの勉強について次のように書いている。

〈余は余の提起せる問題が頗る大にして且つ新しきが故に、何人《なんぴと》も一二年の間に解釋し得べき性質のものにあらざるを信じたるを以て、余が使用する一切の時を擧げて、あらゆる方面の材料を蒐集するに力め、余が消費し得すべての費用を割いて參考書を購へり。此一念を起してより六七ヶ月の間は余が生涯のうちに於て尤も鋭意に尤も誠實に研究を持續せる時期なり。而も報告書の不充分なる爲に文部省より譴責を受けたるの時期なり。〉（夏目漱石『文学論』序・傍点引用者）

漱石の文章が、江藤の脳中には、どこまでも沁みこんでいる。

江藤は、漱石の英語について、たとえば、彼が東京帝国大学文科大学英文科時代に訳した鴨長明の『方丈記』英訳をひいて、「少し英語で苦労した方なら舌を巻くと思います。実に見事な翻訳で、文法的に正しいかどうかという域をはるかに越えており、それ自体が英文で書かれた一編のエッセイです」（成長政策研究会での講演「明治の日本人」より、『利と義と』所収）と最大の評価をしている。

当の江藤の英語の実力については、平川祐弘氏の感想がある。

〈日本人で英語講演が抜群に見事な人は、私が聴いた限りでは江藤淳氏が第一であった。東大の日本人の英語の先生にもあれだけ話せる人はいない。そのようなことを言うと東大教授は立腹するかもしれないが、すくなくとも私が東大駒場に関係した一九四八年から一九九二年の間にはいなかった。〉（平川祐弘「江藤淳氏とアメリカ――いかに日本を外国人に外国語を用いて説明するか」『諸君！』平成十一年十一月号）

さらに、平川氏は、「江藤氏の全集にはそうした英語講演も英文のまま収録していただきたい」（同）ともいう。

江藤は、「いくらむきになって勉強しても、私はそれにてれる必要がなかった」（『アメリカと私』・傍点原文）とプリンストンでの生活に満足してはいたが、日本を忘れるわけにはいかなかった。

†江藤は思った。「いくら引きとめられても、やはり日本に帰ろう」

勉強やセミナーの指導に疲れると、図書館東洋文庫の書架と書架のあいだに身を隠して、鏑木清方の画集や歌右衛門の舞台写真集のページに見入った。

いつの間にか、江藤は大学が必要とする人間になっていたが、図書館にこもることを繰り返しているうちに、「やはりいくら引きとめられても日本に帰ろう」と考えるようになった。

のちに、江藤はその時の心境を率直に語っている。

〈日本文学の先生だっていっていればメシが食える、というのなら、ここにいてもいいな、と一瞬思ったことがあった。教師稼業に必要な文章だったら、英語で書けるし、慣れてくれば、もう少し深い文章もあるいは書けるかなと思ったけれど、しかし、それは全部物心ついたあとで習い覚えた言葉でしょう。私は、愛し合う言葉、祈る言葉、それから切羽つまったときに出る言葉、こうした言葉が果して何語か、ということは大切だと思っている。それは人間の存在の一番深いところに関わっている。〉（江藤淳　開高健『文人狼疾ス』）

プリンストンの図書館東洋文庫で読んだ小林秀雄の文章が、帰国を決心するうえで影響を与えた。そのころ、小林秀雄は『文藝春秋』に『考えるヒント』を連載していた。

江藤は、文春文庫版『考えるヒント　2』の解説で次のように書いている。

〈ここに収められている小林秀雄氏の一連のエッセイが「文藝春秋」に掲載されているころ、私はアメリカの大学にいて、なぜということなく江戸時代の儒学のことを考えていた。日本の近代を、異質な文明との不可避な接触を余儀なくされた時代と考え、そこに生じたさまざまな混乱を思うにつけても、逆に近代が置き去りにして来たものが気にかかりはじめたからかも知れない。私は、自分がまたなにか大切なものを置き忘れて来たような気がしはじめていた。〉（文春文庫版小林秀雄『考えるヒント　2』江藤淳「解説」）

江藤は、図書館でバックナンバーを遡って、小林のエッセイを読み続けた。

なかでも、『徂徠』（『文藝春秋』昭和三十六年八月号）の一節、「格物致知」を指して小林が説いた、

〈せっかく物が来《きた》るのに出会いながら、ものを得ず理しか得られぬとは、まことに詰らぬ話だ、とするのが徂徠の考えだ。〉（小林秀雄『徂徠』）

に、心打たれる。

この体験を、江藤は『国家・個人・言葉』のなかで、もう少しやさしい表現で説明している。

〈私は、万葉以来明治・大正にいたる日本文学の総体が、私に向って来るのをしばしば感じた。（略）二年前の春、鎌倉で小林秀雄氏にお目にかかったとき、「しばらく米国に行って来ます」というと、「それじゃ日本の古典を読んできたまえ。どうせほかにすることはないんだろ。批評なんか勉強したって仕方がない」といわれた。〉（「国家・個人・言葉」、『アメリカと私』第二部『アメリカ通信』所収）

そして、江藤は、

〈結局私は、「物格《キタ》リ、知致《イタ》ル」という言葉に含まれた真実の重さに、胸を衝かれる。そのころ私は、どうにか英語にあまり不自由しなくなりかけていた。だが、それと同時に日本の古典が、日本にいたときには思いもよらぬほど、身近に感じられはじめたことにおどろいていた。（略）もし、この一節にめぐりあっていなければ、私はことによるとそのままアメリカにいつづけて、研究者として恵まれた環境をあたえられながら、自分の言葉の源泉が風化してしまうのを体験していたかも知れない。そうなっていたらどうだったろう？　と思うと、いささかの感慨を禁じ得ない気持になる。〉（文春文庫版小林秀雄『考えるヒント　2』江藤淳「解説」）

という。

『文藝春秋』は、小林秀雄の連載を売り物にしていた。

当時は、まず『中央公論』に載るのが一流とされた。

福田恆存は、ロックフェラー財団留学からの帰国第二弾の論文「ふたたび平和論者に送る」(『中央公論』昭和三十年二月号)のなかでは、「(福田の論文を掲載するようでは)いよいよ『中央公論』も『文藝春秋』調へ轉向したかといふ焦りがありありとみへる」という匿名雑誌評に猛反発している。いわく、「『文藝春秋』調とはいまや雑誌評のマナリズムになつてゐる。二度と使はないでもらひたい」、と。

こうして、江藤はプリンストン大学の次年度以降も教員でいてほしいとの要請をことわって、昭和三十九年六月、帰途に就く。

夫人とともに、ポルトガル、スペイン、イタリア、フランス、オランダ、ドイツ、オーストリアを経て、東京オリンピックをまえに喧噪の都、東京に八月上旬帰った。

もちろん、旅費等は、ロックフェラー財団持ちである。財団の財力には当時の日本では考えられない規模があった。

第六章

庄野潤三と名作『ガンビア滞在記』の誕生

†庄野、オハイオ州ガンビアのケニオン・カレッジへ

「庄野さん、アメリカにお出でになる気持はありませんか」

昭和三十一年（一九五六）の初夏のころ、庄野は、一面識もなかった坂西志保から職場にかかってきた電話で、いきなりこういわれた。この坂西のものいいは、石井桃子をアメリカに誘った場合と、ほとんど、同じである。

庄野は、『プールサイド小景』で芥川賞（昭和二十九年下半期）を受賞した後、日経新聞夕刊に『ザボンの花』を連載した。

小さな子供たちをつれて大阪から東京練馬の麦畑の傍の家に引っ越してきた一家がどんなふうに暮らしたか（作中では愛犬が加わる）、その日々を描こうとしたものだが、題名は、庄野夫人が「ザボンの花の　さくころは」と子供のころよく口ずさんでいた歌を庄野に披露したことから、『ザボンの花』に決まった。

この「子供の話をいっぱい入れた、およそ新聞小説らしくない小説」（庄野潤三『私の履歴書』）を、坂西は新聞で愛読していたようだ。

〈これが本になったとき、坂西志保さんが図書新聞でとり上げて、いい書評を書いて下さった。のちに私がロックフェラー財団の給費留学生として米国に一年間留学することになったのは、坂西さんがお世話して下さったからであり、おそらくそのきっかけとなったのは、坂西さんが私の『ザボンの花』を読まれたことであろうと思われる。〉（庄野潤三『山田さんの鈴虫』）

坂西は、「著者の純真さには胸を打たれる」と書評で書いた。

坂西とのつながりはその程度のものであった、と庄野はいうが、その作風が坂西をして、このきわめて日本的な作家をアメリカに送り出してみたらかえって面白いだろう、と思わせたのかもしれない。

ニューヨークからやって来たファーズ博士や坂西と国際文化会館で面接した時、庄野は、アメリカではどんなところに行きたいかと聞かれた。

庄野は、自らが生まれ育った大阪の帝塚山のことを話した。

庄野の父貞一は、大正期に、松林と丘と野原に囲まれた地に創立された帝塚山学院の初代院長であった。

庄野は、できれば、帝塚山のような自然豊かなところに住んで、その町の一員のようにして暮らしてみたい、とファーズにいった。

坂西が、この庄野の発言を自らの履歴に照らしあわせて、たいそう気に入ったのは、前述のとおりだが、庄野はこのあたりのいきさつを、次のように書く。

〈もしそれが、開拓者の両親の十四人の息子の十四番目に生れたフィランダー・チェイスが、猟に出かけた時見つけた丘陵が気に入って、土地を求め、金を集めて創立することになったケニオン・カレッジに結びついたとすると、よけいなおしゃべりをしたのではなかったといえるかも知れない。〉（庄野潤三「二十年前」、『坂西志保さん』所収）

庄野は、結局、ファーズらの薦めで、ケニオン・カレッジに留学する。

ケニオン・カレッジの所在地は、オハイオ州ガンビアである。

ガンビアは、近在では大きな町である人口一万五千人のマウント・ヴァーノンから五マイルほどの距離にある。庄野の筆によれば、マウント・ヴァーノンは、「中部平原が終ってまさに東部アパラチア高地に移ろうとする、間一髪というところに位置している」。リスが走り回っていた。ガンビアは、戸数二百、人口六百人ほどの小さな町であり、ケニオン・カレッジによって開かれ、カレッジと町とがひとつに融けあっているあたりは、庄野が子供のころに暮らした帝塚山と似ていないこともない。

ここで、庄野は、「新批評派」の一方の雄であるジョン・ランサム教授から詩の講義を週二回聞く。（ランサムは、ヴァンダビルト大学出身。ニュークリティシズムの提唱者。テキスト論にも影響を与え

た。ガンビアを愛し、ガンビアで亡くなる・註）

ケニオン・カレッジで、庄野は学生のスポーツを頻繁に見た。アメリカンフットボール、野球、ラクロス、サッカー、水泳、バスケットボール、野球と、学内で行われる競技にはほとんど顔を出した。

庄野はもともとスポーツ愛好家で、大阪の旧制今宮中学校の教員時代、昭和二十二年には、同校の野球部長として甲子園の春の選抜大会に出ている。

同じくスポーツ好きなランサム教授の説明で、ケニオン・カレッジは、水泳部が一番強く、オハイオ州でたびたび優勝しているとのことがわかった。テニスも比較的強く、その次がサッカーで、アメリカンフットボールは、コロンバスにあるオハイオ州立大学にまったくかなわなかった。それは、ケニオン・カレッジが男子だけの学校であっても、学生数はわずか五百人（当時）であり、一万五千人もの学生を擁するオハイオ州立大学の敵ではないからだった。

小さな学校ながら、ケニオン・カレッジは優秀な大学だった。

庄野の滞在中にも、全米で三十二人しか選ばれない世界最古の奨学制度であるローズ奨学生（セシル・ローズを記念した奨学制度。ローズは帝国主義者として悪名高いが、母校オックスフォード大学に莫大な遺産を寄付した。ローズ奨学生に選ばれると、イギリスに招かれオックスフォード大学大学院で学べる。クリントン元米大統領もそのＯＢ・註）に、ケニオン・カレッジの学生が選出されている。

†庄野の『ガンビア滞在記』の価値

庄野の『ガンビア滞在記』は、九ヵ月にわたるガンビアでの生活を描いた。

坂西は、はじめてアメリカに行く人に、老若男女を問わず、この著を読むことをすすめている。

〈楽しい本であるし、外国へ行って戸惑う場合どうしたらよいか具体的に庄野さんは回答を与えている。〉（中公文庫版『ガンビア滞在記』坂西「解説」）

しかし、坂西は賢明にも、この本は、「〝記録〟というより、小説である」（同）、といっている。たとえば、次のような描写を、坂西は指していたのかもしれない。

〈私がフットボール・チームの練習を見ている時、グラウンドの向う側を貨物列車がゆっくり通過することがあった。この線路は丁度ガンビアの丘の麓のこのあたりでぐるりとカーブして、ココーシング川に沿ってマウント・ヴァーノンに向っている。（略）最初に先頭の貨車がわれわれの視界の中に現れてから、やがて最後の貨車が見えなくなってしまうまでにはかなりの暇がかかる。私はその間練習の方は見ないで、貨物列車を眺めていた。カーブの地点なので、必ず汽笛を鳴らした。私はこんなところで汽車を見て、汽笛の音を聞かされると、「ガンビアにはこの間来たばかりだ。日本へ帰るのはまだまだずっと先のことだ」と思わずには居られなかった。〉(『ガンビア滞在記』)

江藤淳は、『ガンビア滞在記』を丁寧に批評している。

江藤は、いう。ロックフェラー財団の留学生としてアメリカに滞在している以上、彼あるいは彼女は、旅行者としての存在をやめるわけにはいかない。その生活には、どうしても期限つきという枠がはまっている。といって、日々の生活はふつうどおりにしていかなければ、人は生きてはいけない。

もし、留学生としての日常になにか選択の余地があるとすれば、取り得る選択はふたつある。枠のあるままに生きて帰国する日を待つか、あえて枠を取っ払う方向に進んでいくか、のどちらかである。

〈つまり本当に生活する方向に進み出て行くか、このかりそめのかたちに人生そのものの凝縮されたかたちを見て、窓を一枚へだててその外の現実につきあうかである。庄野氏の場合がこの後者であることはいうまでもない。〉(『われらの文学』13『庄野潤三』江藤淳「解説」)

江藤は、プリンストン滞在の二年目からはロックフェラー財団からの給付をはなれて、前述のとおり、プリンストン大学の教員となった。

江藤自身の表現によれば、自活して、「本当に生活する方向に進み出て行った」ことになる。

江藤は、ロックフェラー財団からの文士留学生という同じ立場であったとしても、留学生の間に、ここのところで一本、線を引く。

ロックフェラー財団留学生としてアメリカにやって来た文士たちは、そのすべてが、「本当に生活する方向に進み出て行こう」とした江藤と、「窓を一枚へだててその外の現実につきあう」庄野とを、両端として、その間のどこかに点在することになる。

しかし、この江藤の設問はむずかしい。

江藤のようにわずか一年の滞在のうちに教員を目指してみようと考えるのは稀なことである。阿川弘之も小島信夫も安岡章太郎も有吉佐和子もいずれもが旅行者であり、庄野寄りの存在になることはいうまでもない。

江藤はいう。

〈そのなかで庄野氏の例はほとんど唯一の「成功」例である。それはもともと庄野氏のなかに、あの「不安」の視点、つまり人生、あるいは日常生活をかりそめのものと見る核があったからにちがいない。

それはしかし無常感というようなものではなくて、もっと鋭いもの、いわば日常生活に垂直に切

りこまれた「不安」の感覚とでもいうべきものである。〉（同）

†庄野は考える。「私たちはみなこの世の中に滞在しているわけである」

庄野は、江藤の言を追認するかのように、『ガンビア滞在記』のあとがきで、こう述べている。

〈私は滞在記という名前をつけたが、考えてみると私たちはみなこの世の中に滞在しているわけである。自分の書くものも願わくばいつも滞在記のようでありたい。〉

『ガンビア滞在記』の主役は、庄野夫妻ではない。

夫妻は、いわば脇役の位置にいる。主役は、隣人たちであり、たとえば、ミノーとジューンという夫婦、ミノーはボンベイ出身のインド人、ジューンはアメリカ人で、二人はシカゴ近郊にあるノースウエスタン大学で知り合い結婚した。ミノーは、ケニオン・カレッジで客員講師として政治学を教えている。

ミノーはしかし、来年には、ケニオン・カレッジとの契約は切れ、どこかほかの大学での教員の口を探さなければならない立場にある。夫婦には、まだおむつをつけたままの女の子シリーンがいて、そして、ジューンのおなかにはもうひとり子供がいる。家族が安寧に暮らすために、ミノーは、就職活動に神経質にならざるを得ない。

『ガンビア滞在記』では、ミノーとジューンをはじめとする隣人たち、犬、リスなどの動物たち、町のふたつしかない食料品店、これもふたつしかないレストラン、ただ一軒の散髪屋、銀行、郵便局などをめぐるくさぐさ、大学とガンビアでのクリスマスや感謝祭やハロウィン、ホームカミングディといった光景がおだやかに描かれていく。

ミノーは、運よくミゾーリ州立大学に職を得る。ミゾーリ目指して去っていくミノーとジェーンを送ろうとする場面が『ガンビア滞在記』の終末近くにある。

この場面を、前出の「庄野潤三論」(『われらの文学』解説)で、江藤はわざわざ引用している。

〈あとはもう私たちの手伝う用事はなくなったので、二人が最後のこまごました片附けをする間、シリーンを家で預かった。シリーンは私の妻がトランクの中の物を整理しているそばで機嫌よく遊んでいた。私たちはミノーより一週間おくれてガンビアを発ち、日本へ帰るのである。〉(『ガンビア滞在記』)

そして、

〈二つの家族が相互に「通過」して行くイメイジは非常に説得力を持つ。読者は、なるほどこの「滞在記」は結局このような「旅行者」の軌跡の交差を描こうとしたものなのか、と納得する。そして、この視点からふりかえってみるとガンビアの町とそこでの「生活」が、一種「夢」のような鮮やかさで描かれていたことに気づくのである。〉（前出、「庄野潤三論」）

と、江藤は書いた。

庄野潤三の文章の深みと鋭さについて、江藤は、師である伊東静雄の影響を見ている。

大阪府立住吉中学一年のとき、庄野の国語の教師が伊東だった。庄野は、病気で一年休学したため、その後、住吉中学で伊東に国語を教えてもらうことは叶わなかったが、大阪外国語学校に進学したのち、伊東をたびたび堺の自宅に訪ねている。

玄関わきの二畳の書斎で、伊東は庄野をまえに雑誌に載ったばかりの詩を朗読してくれた。（庄野潤三『私の履歴書』）

伊東は、自らの詩も、気に入った他人の詩も、歌いあげるように朗読した。

庄野が大阪外語の三年生の時、伊東の第二詩集『夏花』が出版された。庄野は、詩集を買い、伊東に署名をもとめた。（同）

第二詩集『夏花』には、「水中花」が入っている。

すべてのものは吾にむかひて

死ねといふ、
わが水無月のなどかくはうつくしき。

と、伊東は歌ってくれたのではないだろうか。

江藤は、庄野の小説世界をmetaphysicalといっている。伊東の詩がその世界の根底にあるのではないかと推測するのだ。（前出、「庄野潤三論」）

一方、安岡の小説世界をphysicalと江藤はいう。（同）

†もし、庄野潤三と安岡章太郎の留学先が入れ替わっていたら……


庄野と安岡は、安岡が一つ年上だが、同じ「第三の新人」として親しかった。年下ながら、「君がやってくれるなら安心して夫婦げんかができる」というへんな理由で、安岡夫妻の頼まれ仲人を庄野が引き受けている。

安岡は、ロックフェラー財団の留学プログラムで、主に南部のナッシュヴィルで過ごした。留学先のヴァンダビルト大学には、当時、黒人学生はいなかったが、黒人にかこまれる環境に暮らした。

庄野の住んだガンビアの町には、ほとんど黒人は見かけなかったが、ケニオン・カレッジには、ごく少数の黒人学生がいた。

庄野の『ガンビア滞在記』のなかに黒人の姿が見えるのは、ただ一ヵ所、「私は、サッカーの試合の時にハーフ・バックとして一番活躍していたペッパーがいるのを見つけた。ペッパーは、ケニオンで数えるほどしかいない黒人の学生の一人で、大きな、度の強い眼鏡をかけていて、はにかみ屋のように見える」という部分だけである。

庄野の描写には、安岡の『アメリカ感情旅行』にある、肌にまとわりつくような質感はない。『ガンビア滞在記』には、アメリカをめぐる国際情勢への記述がない。スエズ動乱、ハンガリー動乱以後の世界、水爆実験も、米ソによる人工衛星競争も、庄野の視野には入っていない。ただ、ガンビアの人と風景のみが静かに流れてゆく。

安岡は、留学前、ロックフェラー財団へ提出する英文の願書がなかなか書けなくて、庄野に相談に行っている。

庄野に、「何だ、君はまだアプリケーションを出しとらんのか、そりゃいかんな。願書と一緒に謝り状も書いとけよ」といわれ、安岡は、「庄野は僕よりも一つ年下であるが、いまや僕は教員室に呼びつけられた劣等生の心境になった」と書いている。（安岡章太郎『僕の昭和史』）

この時、庄野は、「背中にケニヨン《ママ》・カレッジと大きく書いた白い木綿のジャンパーを羽織っていた」（同）。

庄野の家は東京・練馬にあったが、安岡が訪ねた日は折悪しく朝から雨模様だった。庄野は、薄暗い座敷の真ん中に坐って原稿を書いていた。いたるところから雨漏りがしていた。ジャンパーを羽織っていたのは、愛校心からというより雨漏りよけのためであったろうと、安岡は推測している。

こんなことはありえなかっただろうが、もし、留学の場所をとりかえて、安岡がガンビアに住み、庄野がナッシュヴィルに住んだとしたら、どんな「滞在記」や「感情旅行」が書きあがっただろうか。

第七章

有吉佐和子は、アメリカ人社会では間違いなく「NOBODY」だった

†有吉もまた坂西から突然の誘いを受けた

有吉佐和子は、坂西志保とは一面識もなかった。だから、ロックフェラー財団のフェローシップでアメリカへ留学しないか、という話を坂西から聞いたとき、有吉はひどく面喰った。

昭和三十三年（一九五八）、有吉二十七歳のときのことである。だが、

〈ひどく面喰ったものだけれど、当時の私は国外逃亡への志しきりだったから、前後も考えずこの棚から落ちてきたボタ餅に飛びついてしまった。〉（有吉佐和子「NOBODYについて」、『坂西志保さん』所収）

有吉はまた、「わたしのどういうところがお気に召して、こういう橋渡しをしてくださったのか、今となっては坂西先生のお考えを伺うすべもなくなってしまった」（同）と坂西の没後書いており、ロックフェラー財団留学生となった経緯についてもなにも承知していない、という。ただ、坂西が

いった、

〈「外国へ行けば、もうあなたはNOBODYなのです。これだけは忘れないで下さい。NOBODYになることに意味があるのですからね。日本でどんなに有名であろうとも、外国で暮すとなれば誰もあなたが有吉佐和子だとは気がつかない。NOBODYとして扱います。それが耐えられなくなった日本の有名人の例を私は幾つか知ってますから、特に注意して言っておくのですよ」〉（同）

との言葉だけは、はっきりと耳に残っている。

有吉のその時の感想である。

〈私にとってNOBODYになるのは、実に望むところであった。当時、テレビはNHKしかない時代に私は人気番組にレギュラー出演者として登場していたために、本業の小説を人が忘れてしまうような人気者となっていた。道を歩くと人がじろじろ見ることに、もう我慢の限界に来ていたのだ。〉（同）

「NOBODYになるのは、実に望むところであった」とNOBODYを強調する有吉の言葉は、没後すでに三十四年、ベストセラー作家としての記憶が薄れつつある現在からみれば、自意識過剰でないかとみることもできる。

有吉の年譜（『有吉佐和子の世界』所収の岡本和宜氏編など）によれば、有吉は、たしかに二十代にしてS・O・M・E・B・O・D・Yであった。

昭和二十七年、二十一歳で雑誌『演劇界』の嘱託となり、演劇関係者や作家へのインタビューを担当するが、その原稿は面白いと話題を呼ぶ。

二十三歳の時、得意の英語を認められ、舞踊家の吾妻徳穂の連絡係兼秘書となる。吾妻の秘書時代は二年間だったが、演劇、芸能の面で多くのものを得る。

昭和三十一年（一九五六）、「地唄」が『文學界』新人賞候補となり、同年上半期の芥川賞候補作になる。

昭和三十二年、歌舞伎座で菊五郎劇団が深沢七郎の『楢山節考』を上演するが、有吉は、脚本、演出を担当。「白い扇」が直木賞候補作となる。有吉の演劇への意欲と知識は半端なものではない。

NHKテレビの推理番組「私だけが知っている」にレギュラー出演し、人気を博す。（テレビは当時NHKしかなかった、と前掲の原稿で有吉は書いているが、この年までに、日本テレビ、のちのTBS、CBC、朝日放送などが開局している・註）

曽野綾子氏、原田康子らとともに「才女時代」とマスコミにもてはやされ、坂西にアメリカに留学しないかと声をかけられた昭和三十三年には、たとえば、十月ひと月だけで、『文藝春秋』、『文學界』、『主婦の友』、『毎日新聞』、『婦人公論』などを舞台に十四本もの原稿、対談、座談会をこなす。

代表作のひとつ『紀の川』を上梓したのち、昭和三十四年（一九五九）十一月、有吉は、ニューヨークに到着した。

留学先は、ニューヨーク郊外にあるサラ・ローレンス・カレッジであった。リベラルアーツ系の名門大学で、有吉の留学当時は、女子大だった。アメリカ留学の成果である『ぷえるとりこ日記』の舞台となるのが、この大学である。ここで「演劇を学ぶ」ことが、ロックフェラー財団へ提出した留学理由であった。

†「もしかしたら、あなたがミス有吉ではありませんか」と声をかけられて、有吉は…

ニューヨークに着いた時の情景を、有吉は、こう書いている。

〈空路、ニューヨークに飛んで、留学先の大学から出迎えていた教授と学生が、おそるおそる私に近づいて、

「もしかしたら、あなたがミス有吉ではありませんか」

と言ったとき、私は大声で叫びたいほど嬉しかった。私はこの日からNOBODYになれたのである。教授は、時折、自分の知人に彼女は日本の有名な作家ですと言って紹介してくれたが、この御親切ほど私に迷惑なものはなかった。〉（「NOBODYについて」）

ただ、ニューヨークの日本人社会では、依然、有吉は、有名人であった。のちの国連事務次長で、有吉と同年生まれの明石康氏は、

〈一九五九年一一月だった。東京女子大の友人で国連ガイドをしていた森山慶子氏と一緒に、国連職員の定例昼食会に、彼女は颯爽として現れた。話題が豊富だった。人気作家の先頭を走る人らしく、才気走って生意気なところもあった。〉（明石康「有吉佐和子のニューヨーク」、『有吉佐和子の世界』所収）

と、その第一印象を記している。さらに、

〈邦人社会は、彼女をパンダのように歓迎し、才気に溢れる発言を喜んだ。彼女は、持ち前の旺盛な知的好奇心で人に会い、質問をし、アメリカを吸収しつづけた。〉（同）

という。

明石氏は世話好きである。

明石氏は、当時、ニューヨークに滞在していた永井道雄や林健太郎、高坂正堯、本間長世らを誘って、社会科学研究会を作った。

会員は、ほかに、国連、外務省、学会、経済界、報道機関、文化芸術界から有志を募り、月に一度、食事をしながら意見を交換する会である。有吉も加入を希望したが、当初は、人気女流作家を入れるのはどうかと会員に反対の声も上がったが、その熱心さにほだされて、結局会員資格を認められた。

会合のテーマは、折からの「六〇年安保」、アメリカの人種問題、原水爆問題、中国情勢などだったが、有吉はそのいずれにも興味を抱き、大いに発言した。明石氏は、のちの有吉作品の〝萌芽〟がすでにそこに見えた、といっている。

昭和三十五年（一九六〇）八月のはじめ、九ヵ月のアメリカ滞在を終え、有吉はヨーロッパに旅立ったが、明石氏は、有吉とニューヨークをこう総括する。

〈世話のやける人だったが、世話をやかされる人の心に、貴重なものをのこしていく稀有の人でもあった。ものの見方に、独自の光るものを感じさせた。〉（同）

†しかし、有吉の小説は、アメリカ人の間では完全に無視された

邦人社会では、〝パンダのように〟歓迎されても、アメリカ人の間、特に、文芸関係者の間では、文字通り有吉は、ＮＯＢＯＤＹであった。

東京女子大以来の友人、エリザベス・ミラー・カマフェルド氏は、有吉がアメリカに来たとき、大学の講師として米文学を教えていた。

当時、有吉文学がどの程度アメリカ人の間に膾炙していたかについて、つぎのように回想している。


〈一九五〇年代末のアメリカでは、日本文学専門の学者は殊に少数で、ほとんどみんな佐和子さんの作品を真剣に検討することに興味を示さなかった。彼らは、有吉佐和子の作品を大衆小説の如く扱って無視しているようだった。そういう状態だったので、彼女の作品の価値がマーガレット・ランドン（『アンナとシャム王（王様と私）』の作者・註）の小説のレベルなのか、それともジェーン・オースチンの古典的小説に比較できるものかを検討することなど、彼らの興味の外にあった。〉（エリザベス・ミラー・カマフェルド「有吉佐和子の素顔――パブリックとプライベートの両面」、『有吉佐和子の世界』所収）

カマフェルド氏は、有吉の作品を紹介してほしいとアメリカの雑誌やマスコミに説いた。しかし、彼らは、三島由紀夫の作品を褒めたてる一方で、「有吉佐和子の作品を当時の評論雑誌やその他の出版物に取り入れたり、社会に紹介することを避け続けた」（同）。

もちろん、有吉が滞在していたニューヨークの編集者や出版社も同様で、英訳された有吉作品の出版を躊躇していた。

〝パンダのように〟歓迎してくれる邦人社会とニューヨークの〝文壇（もしあるものならば）〟との評価と待遇の落差に、有吉が敏感でないはずはなかった。

有吉は、カマフェルド氏に、こういった。

〈佐和子さんは、自分が不平等な取り扱いを受け続ける理由について、しばしば冗談混じりに推定した。私も全く同感だった。たぶんアメリカの日本文学専門家たちは、ダイヤの指輪やミンクのコートをまとった若い日本の女性作家への応対の仕方に、迷っていたのであった。〉（同）

そして、有吉の長年の友人として、つぎのようにいう。

〈渡米直後に受けた、このような失望的侮蔑的な佐和子さんの体験が、その後の彼女の作品にどの様に影響を及ぼしたかを検討するのも、意味ある仕事ではないかと思う。〉（同）

有吉が、前述の「NOBODYについて」という原稿を後年書いたとき、その胸中にはカマフェルド氏の指摘する〝失望と侮蔑的な体験〟が厳然として存在していたにちがいない。

有吉の発言である。

〈(サラ・ローレンス・カレッジの)同級生は私より十歳も若く、私が東洋人であることさえ意に介せず、私の英語がもどかしいと傲然と私の存在を無視することがあり、そういうとき私は痛快だった。私より偉い先生方は、きっとこういうときプライドを傷つけられたのだろうと思うと、笑い出したくなった〉(有吉佐和子「NOBODYについて」)

これは、負け惜しみだったのだろうか。

〈NOBODYとしてニューヨークで暮した一年間(実際は九ヵ月・註)と、帰り道のヨーロッパ旅行(朝日新聞特派員としてローマオリンピックを取材、その後十一ヵ国を回って帰国・註)が、私には青春であった。二十四歳で文壇に出てしまった私は、思えばそれまで青春とは縁の遠い生活を周囲から強いられていたのであった。〉(同)

たしかに、ニューヨークの邦人社会で、有吉は、遅ればせの青春をたっぷり楽しんだ。

天皇誕生日のレセプションに、明石氏から誘われた有吉は、加賀友禅の豪華な和服姿であらわれ、大使や外交団の眼を見張らせた。

「にぎにぎしい場所で人目を引くのは、いかにも人気作家らしかった」と明石氏は書いている。

有吉は、ヤンキースの野球も楽しんだ。カマフェルド氏の夫君からヤンキースタジアムに招待を受けたことがあった。

有吉は、懇意にしていたレストラン「斉藤」（戦争花嫁と人種問題を扱った小説『非色』の舞台・註）で和食弁当を用意したうえで、球場に出かけた。ホットドッグですませるのが、アメリカの野球ファンなので、和食を箸で食べる二人の姿は球場で異彩をはなったことだろうと、カマフェルド氏は書いている。

カマフェルド氏によれば、有吉は、野球のルールも選手の名も記録も知っており、スコアブックまでつけていた、という。

こういう彼我の落差があったからこそ、有吉は、

〈一年後、日本に帰ったとき、しかし驚くべきことだが私は前より百倍も意志的に作家になろうとしていた。外国でNOBODYであった一年間に、私は日本で小説書きとして一生を送る計画を綿密に立てていたのであった。私の作家生活の基盤はこうして築かれていった。〉（同）

と書いた。

SOMEBODYの光とNOBODYの闇とを、有吉は十分実感していた。

『新潮写真アルバム　有吉佐和子』には、レストラン「斉藤」の主人斉藤もとや吉田茂と語る有吉の華やかな写真が載っている。

†アメリカ体験から生まれた作品『非色』が問いかけるもの

有吉のロックフェラー財団招待によるニューヨークでの生活は、のちに『非色』(昭和三十八年『中央公論』連載開始)と『ぷえるとりこ日記』(昭和三十九年『文藝春秋』連載開始)という二つの長篇を生んだ。

ベストセラー『華岡青洲の妻』(『新潮』昭和四十一年十一月号掲載)のヒントも、『ぷえるとりこ日記』では、プエルトリコでスペイン貴族の末裔である青年から「ハナオカ」の名を聞いたことになっているが、これもニューヨークで仕入れたネタである。

華岡青洲は、すでに昭和二十七年(一九五二)、シカゴにある国際外科学会の栄誉館(Hall of Fame)に人類に貢献した世界の外科医として殿堂入りしていた。

関川夏央氏は、有吉の文学傾向について、次のようにいっている。

〈彼女は天性の語り手、天才的物語作家であって、自分をえがけないし、えがかないのである。本人が物語をひきまわすことをしないのである。小説表現には深すぎるほどの執着を持っていても、自分自身にはさして興味がないのである。〉(関川夏央『女流　林芙美子と有吉佐和子』)

『ぷえるとりこ日記』は、アメリカ人と日本人留学生の二人の女子大生が、調査旅行に出かけたカリブ海に浮かぶ島・プエルトリコでの経験を交互につづるという形をとり、『非色』は「私」を語り部に「私」という主人公が遭遇した人種差別の現実を追っていく。

そこには、間違いなく、ロックフェラー財団の留学生として、ニューヨークに長期滞在し、ハーレムやプエルトリコ人社会の生態を実際に見ていなければ成り立たないものが含まれている。

〈私は自分の生い立ちについて多く語ることを好まない。父親のない娘。片親育ちの子供というものは世間にいくらでも例があるからである。貧乏だったということも世間では珍しいことではない。妹より不器量に生まれついたからといって、書いて世の人に訴えなければならないほどの悲劇とは思えない。だから私はそうしたことを陰々滅々と此処に披露しようとは思ってもいないのである。〉

という語りで、『非色』は幕を開けるが、主人公である私・笑子《えみこ》は終戦の年に女学校を卒業し、進駐軍の黒人専用キャバレーのクローク係として働いていた。ここで、南部アラバマ州出身でニューヨークで徴兵されたトーマス・ジャクソン（トム）に出会い、結婚する。結婚当初は、トムがPXから持ってくる食品に歓喜の声を上げていた母親も妹も、私が黒い子供メアリイを生むと世間体を気にし始める。

メアリイが三歳になったとき、トムに帰国命令が下った。「一年以内に必ず招《よ》ぶ」といってニューヨークに帰ったトムからは、しかし、はかばかしい返事が来ない。メアリイへの日本人の子供達からの執拗ないじめを見た私は半ば強引に、ニューヨークに渡ることにした。進駐軍が用意してくれたのは貨物船だった。

船底のような暗い部屋にベッドが据えられており、女性ばかり七人の同室者がいた。三人は留学生、後の四人のうち三人が子持ちだった。志摩子は、薄茶色の髪と青い目を持つ子供を連れていた。竹子は黒い子供連れだった。もう一人の麗子は「掃き溜めに鶴が舞い降りたように美しい」二十歳を過ぎたばかりの年恰好に見えたが、やはり夫となる人を追ってニューヨークへ行く身だった。

ここまでが、小説のために設定した場面で、横浜から約二ヵ月かけてニューヨーク港に到着した後は、有吉がかの地で見聞したことが小説に盛り込まれていく。

日本でさえ復興の兆しを見せているというのに、トムが住むハーレムの環境は劣悪だった。日本に進駐していた時に見せた軍服姿のトムのりりしさは失せていた。

私は、五五丁目にできた「レストラン・ナイトオ」にウエイトレスとして働く。

有吉が、カマフェルド氏とヤンキースタジアムに行った際、和食弁当を注文した懇意にしていたレストラン「斉藤」がモデルだ。

〈レストラン・ナイトオの開店日《オープニング》は素晴らしかった。それは私がアメリカへ来て初めて出会った豪華な出来事であった。日本の大使や総領事たちが家族連れで現れた以外に「ヤヨイ」（私が一時つとめていた食堂・註）では見ることもなかった白人の金持が、形のいい背広と女は素敵なトップモード姿で打連れて、定刻にはまるで雪崩れこむように入り口から入ってきたのである。〉（『非色』）

このレストラン・ナイトオで、私は横浜から乗って来た貨物船で一緒だった七人の女性客のうち留学生一人を含んで、志摩子、竹子、麗子の四人とともに働く。一番親しかった竹子が、私にいう。

「志摩子の亭主はイタ公や」

〈私はそろそろニューヨークを見渡すことができてきていて、白人の世界にも奇妙な人種差別があることに気がついてきた。ジュウヨークと呼ばれるくらいユダヤ人の多いところであったが、それでもユダヤ人は蔭では指さされているようであった。アイルランド人も、白人の中では下層階級に多く属しているようであった。イタリヤ系の白人はなぜか軽んぜられていた。〉（同）

『非色』には、こんな場面もある。志摩子が私に妊娠を問いかけるところである。

〈「あなた、三人目だって？」

「ええ」

「困ったわねえ。あなたたちは殊に気をつけなくちゃいけないのよ。ニグロやプエルトリカンは繁殖力が高いんだからね、ネズミみたいに」

ガチャンと音がし、志摩子が大袈裟な悲鳴をあげた。私が手に持っていた化粧水の瓶を投げつけたのだ。(略)

志摩子のねちねちした口調で一層苛々していたところへ、あなたたちと見下され、鼠のような繁殖率と蔑まれ、しかもプエルトリコ人と同列に扱われたのだから、私でなくともニグロの妻なら誰でも志摩子に一瞬の殺意を覚えたに違いないと思う。プエルトリコ人というのは、ニューヨークではニグロ以下に扱われている最下層の種族のことなのだから。〉(同・傍点原文)

†人は差別し続ける。しかし、「色ニハ非ズ」?

一番美人で可憐な麗子についても、夫の正体がばれる。

竹子がキチンの一隅でほとんど聞きとれないほどの小さな声で、気の毒げにいう。「あの人の旦那はプエルトリコやったんや」。

〈こう聴くだけで麗子のニューヨークでおかれている地位というものは総て理解された。彼らの住所であるウェストの八四丁目はスパニッシュ・ハーレムと呼ばれるプエルトリコ人街の中にあることを私は思い出した。船の中で麗子が語り、私が想像していた夢のような生活が、その通り麗子

にとっては夢でしかなかったのだ。（略）
だが、日本にいる誰が、彼をプエルトリコ人だと見破ることができただろう。アメリカ連合軍の制服を着て英語を喋る彼は、日本人にとっては普通一般のアメリカ人と異なるところはなかったし、ニグロと違って肌も白いのだ。（略）私が全く無知であったように、麗子だって、麗子の両親たちも美男のマイミ氏がニューヨークでは最下層とみなされる人種だなどとは考えることもできなかったに違いない。〉（同）

『非色』のなかでは、貧困にあえいでいた麗子は妊娠し、といって、白人の富豪と結婚するためといって日本を出てきたからには帰国もできず、自殺する。

サムを出産した私は、レストラン・ナイトオをやめ、日本人女性と結婚しているユダヤ人医師の家に、住み込みメイドとして働く。

サムには、一週間に一度しか会えないが、ユダヤ人医師の家には、オジョオチャマと呼ぶ赤ん坊がいた。赤ん坊にミルクを飲ませながら、私は考える。

〈私は今こそはっきり言うことができる。この世の中には使う人間と使われる人間という二つの人種しかないのではないか、と。それは皮膚の色による差別よりも大きく、強く、絶望的なものではないだろうか。使う人は自分の子供を人に任せても充分な育て方ができるけれども、使われている人間は自分の子供を人間並みに育てるのを放擲して働かなければならない。肌が黒いとか白いとかいうのは偶然のことで、たまたまニグロはより多く使われる側に属しているだけではないのか。この差別は奴隷時代からも今なお根強く続いているのだ。〉（同）

ユダヤ人医師の一家は、パーティー好きであった。ある日、国連関係の人を呼んだ。食事が和食中心だったこともあり、私もパーティーの席に顔を出すことを許された。参加者のひとりから、私は「さきほど夫人から聞きましたけど、あなたは人種差別問題に興味を持っておられるそうですね」と聞かれた。質問したのは、私も同様に医師の妻だと勘違いしたガーナ人だった。

仕方なく私はしゃべりだした。

〈「私の夫はニグロなのです。医師ではありません。看護夫です。それも夜しか働いておりません。週給は四十ドル。彼の家族は六人です。正確な言葉を使うなら、彼は下層階級に属しています。私の子供もニグロです。彼らは百年前にあなた方と同じアフリカからこの国に渡って来たわけですが、あなた方はこうしたアメリカのニグロたちを、どうお考えになっていらっしゃいますか」〉（同）

まず、チュニジアの青年があえぐようにして答えた。

「アメリカのニグロについてはアメリカの国内問題です。」

続いてガーナの青年が言った。

「強いて言うなら、アメリカのニグロ問題は彼等自身が真剣に考えるべきだと思っています。明らかに彼らは白人たちより劣っていますし、それは彼らの怠慢の故ではないかと私は考えます。もっとも我々に直接関係ある問題とは思えませんが。」

こう聞いて、私は反論した。

〈「直接関係がないですって？　私の夫も子供たちも、あなた方と同じ皮膚の色を持っているのですよ」

「色！」

チュニジアの青年とガーナの青年は顔を見合わせた。明らかに彼らは私に対する敵意を認めあった。

「色というならば、アフリカこそ結束するべきだね」

「そうとも。しかし問題は色ではない。色の中から我々は独立したのだ」

「そうだ。独立したのだ！」〉（同）

本当に、「色ニハ非ズ」なのか。

有吉は、『非色』の結末を、「私は確かにニグロなのだ！　そう気付いたとき、私は私の躰の中から不思議な力が湧き出して来るのを感じた」と明るく終えている。

関川氏がいうように、有吉は「天性の語り手」である。『非色』は次から次と、人種差別を語ってとどまるところがない。アメリカは、どこからどこまでも人種差別の国、と理解されかねないほどだ。

有吉は、

〈（ロックフェラー財団留学から）一年後、日本に帰ったとき、しかし驚くべきことだが私は前より百倍も意志的に作家になろうとしていた。外国でＮＯＢＯＤＹであった一年間に、私は日本で小説書きとして一生を送る計画を綿密に立てていたのであった。私の作家生活の基盤はこうして築かれていった。〉（「ＮＯＢＯＤＹ」について）

と語っているように、有吉は、大学へ行く傍ら、ニューヨークでの見聞を細大漏らさず記憶にとどめていた。

明石氏の「有吉佐和子のニューヨーク」には、「アメリカ社会の抱える人種差別を知るため、共同通信の松尾記者の案内で、彼女は人種運動家マルコムＸが暗殺されたハーレムの劇場にも足を運んだ」という記述がある。

となると、ロックフェラー財団が、もともと親米となるべき人々を選んで、アメリカに一年間留学させたかった、という本来の目的を、有吉は逆手にとって、自らの作家生活の糧としたことになる。それは、NOBODYとして遇されることを望むといいながら、NOBODYでしか存在を許されなかった有吉のアメリカ社会への一種の復讐であったのかもしれない。アメリカはいまだ人種差別の激しい国である。『非色』も『ぷえるとりこ日記』もそう読みとるしかない。

人は簡単には動かない、変われないという証拠でもある。

第八章

小島信夫は、なぜ、単身でアメリカに行ったか？

†「あなたには、女の気持は分らないのよ」

小島信夫は、昭和三十二年（一九五七）四月、阿川弘之に続いて六人目のロックフェラー財団による文士留学生として、横浜から旅立った。

小島、四十二歳のときである。

すでに、阿川以降、ペア社会アメリカに対応するため、財団から夫人同伴を認められ、そのための費用も出ていたが、小島はあえて単身で出発した。

財団の七人目の文士留学生庄野潤三、九人目の安岡章太郎、そして十人目、最後の留学生江藤淳も夫人同伴であった。既述のように、阿川、庄野、安岡は、それぞれ幼な子を日本に残しての留学であった。八人目の有吉佐和子は独身だった。

小島は、小説集『異郷の道化師』のあとがきで、単身でアメリカに渡った理由を、こう述べている。

〈本来家族も連れて行くのが建前だったのですが、子供の面倒を見る人もいないし、むりやりに子供を日本に置いて家内と二人で旅行するのは私自身気が重いので、単身出かけたのです。〉

『小島信夫全集6』の年譜、昭和三十二年の項では、

〈四月、ロックフェラー財団の招きでアメリカへ出かけた。出発の前夜「神のあやまち」について森敦と徹宵して語り合い、出港前に原稿を編集者に渡すということになり、一事が万事こういう態度が妻の不満を買っていたらしい。〉

とある。

小説ではあっても、小島の『抱擁家族』には、こんなシーンがある。

場面は、アメリカから帰国後、ということになっている。

主人公の三輪俊介は大学の先生であり海外文学の翻訳者だが、地方での講演を依頼され、時間に余裕があるからその地方へ見物を兼ねて一緒に行こうと、妻の時子を誘うが、時子は、「いやよ。この人は、アメリカへ行くとき、ちゃんと奥さんを連れてこいというのに、ひとりで行ったのよ」と拒絶する。

時子は、家に出入りするGＩのジョージと間違いを犯す。家政婦みちよの俊介へのささやきでそれが発覚するのだが、問い質す俊介と答える時子のあいだの会話は深刻である。

〈「はっきりしときたいけど、ほんとに連れて行かなかったから、お前はそうしたのか。お前はお

前でアメリカを家に入れるつもりであのチンピラをひきずりこんだのか」

「そうよ、その通りよ。あんたがそう思うんだったらそうよ。あんたは彼がきたとき、そう思ったでしょう？　だから私はその通りになったのよ」〉（『抱擁家族』）

作者と作品の間に乖離があるのは当然なことである。誤解を承知のうえで、さらに、『抱擁家族』から引用すれば、

〈出発の前々日、隙を見て時子は彼の部屋にやって来て、彼の横にすわるといった。

「子供たちのことどうするのよう」

彼は仕事をしている手をちょっととめた。

「まだ何の相談もしてないじゃない」

「そのときそのとき、手紙で相談すればいいじゃないか。ぐずぐずいうなら、僕に行くな、といえばよかった」

「あなたって分らない人ね」

と時子は泣き出した。〉（同）

この時、時子は嗚咽しながら、「あなたっていう人は、女の気持ちが全然分らない！」といっている。

家族の見送りを受けて横浜を出港した船には、二百人もの乗客がいるのに、小島はたったひとりの日本人乗客だった。

日本を発って十日もすると、「日本のことをつかもうとしてもつかめそうにない感覚」にとらわれ、あるいは陸地が見えず周囲はただただ海ばかりという環境がそうさせるのか、小島は、船上で一生懸命、「文学とは何か?」を考える。

〈「あなたには、女の気持はわからないのよ」

という、ありふれたセリフが、突然、矢となって、男の胸にさしこみ、男に悲鳴をあげさせるというのは、くりかえしであるものが、くりかえしでなくなる時間でさえもある。人生の要約は、こういう時にもっとも強いエネルギーを発散するのではなかろうか、と思われるのですが、過去が急に現在になってしまったからです。（略）

陸地は堅固なものと心の底で思っていたのに、陸地が突然、解体して、もう一度自分の陸地を、自分の周囲に築きあげること、これが作家が筆をとる必要にせまられたというべき事情なのでしょう。（略）

多くの姦通小説というものがあります。姦通にいたらないにせよ、それと実質的には似た状況が小説に書かれていますが、少なくとも「青天のへキレキ」というふうな感じがポイントになっていなければ、それを扱ったとしても、読者の胸にこたえるはずはない。〉（「おそれとはずかしさ」昭和

三十三年一月毎日ライブラリー版『人生論』・傍点原文)

小島は、大岡昇平や庄野潤三や安岡章太郎や、そして、年齢はだいぶ違うが江藤淳のような「旅行記」や「滞在記」のたぐいを、ほとんど書いていない。

それどころか、なぜ、ロックフェラー財団に選ばれてアメリカに行ったかといういきさつも書いていない。

庄野潤三と同時期(昭和二十九年下期)に芥川賞を受賞した『アメリカン・スクール』が財団の選考や評価に大きな影響を与えたと想像はできるものの、ロックフェラー財団留学生となった文士の誰もが、坂西志保とファーズ博士らに感謝の気持ちやら何らかの感慨を述べているのに、どうやら小島はそれもしていない。

ロックフェラー財団に招聘された文士としては、きわめて例外的である。

†小島は思わぬ逞しさをみせ、農家を泊まり歩く

アメリカに到着すると、中西部のアイオワ・シティに落ち着き、アイオワ州立大学の創作科と英文科の授業に出席する。

小島は、最初は大学におとなしく通っていたが、意外な行動に出る。

福音主義同胞協会、アーミッシ、アーミッシ・メナナイト派などの農家を、ってを求めて訪ね歩き、次々とそこに下宿するという生活をはじめた。
「小島信夫といえば、文学の話しかしない人で物事の処理などできない人だ、というような通説が流れている」（江藤淳「私の知っている小島さん」）とあるように、小島は文学一本槍で、文学以外に関することは何もできやしないし興味も持たない、というのが一般で流布されていた小島像だが、その小島が思わぬ逞しさを発揮しだす。
小説集『異郷の道化師』は、小島が、昭和三十三年四月に帰国後、文芸誌に乞われるままアメリカ体験を描いた作品六篇を一冊にまとめたものだが、表題作「異郷の道化師」には、次のような描写がある。

〈アメリカの婦人と身体の関係が出来れば、気がねや、おどおどした気持はなくなってしまう、ということを、私は考えていた。誰がいった言葉か、私が自分で思いついたことか分らなかった。どちらか分らなくなってしまったということは、一つには、このことをめぐって何度も考えたしょうこ《ママ》かも知れなかった。〉

「異郷の道化師」（『文學界』昭和三十三年七月号）は、アーミッシ・メナナイト派の農家に下宿して、信心と農家の生活の実際を見た作品だが、農家の主婦、ミセス・フィシャーから、小説の主人公の

コジマは、

〈何でも遠慮しないでいって下さい。出来ることならしてあげます。私達は同じ人間ですから。遠慮してはいけませんよ。それから、バス・ルームは分っていますね。私はまだほんとは心配しているんです、違う人間と思ってるんじゃない？　習慣が違うだけです。〉

といわれる。

ミセス・フィシャーは、栗毛の髪をパーマをかけずに長いまま結いあげて、大きく束ねている。

コジマは、二階にある子供部屋の一つをあてがわれた。

コジマは、階下のバスを使った。

〈まだ底の方に僅かしか湯がたまっていないのに、座りこんだ。湯が次第にふえて私の脚や腰がひたって行くにつれて、私は黄色い髪の毛がいくすじも湯に浮んで、私の身体にまつわりつくのに気がついた。私はそれをつまんでみて、それからそのまま湯の中にまたすてた。〉

コジマが、ミセス・フィシャーと「身体の関係が出来た」というのではない。

†小島は思った。「南部は、アメリカというよりまったく別の国だ」

小島は、阿川や庄野や安岡と違って、ひとり旅をいとわない。農家に次々に下宿した後、アイオワ・シティに戻り、半年を過ごす。

そして、こんどは南部へ行き、まず黒人の師範学校に入り、学生寮に住む。退屈でいたたまれずクリスマスの休みにニューオーリンズに出かけ、バーボン・ストリートの昔ながらの一週七ドルの下宿にひと月住む。ここで小島は、南部に関する本を読み耽った。

『異郷の道化師』のあとがきによれば、それからの小島は、「ふたたび師範学校に戻り、タスケギーの黒人大学、アトランタの黒人大学、ジョージアのアゼンスの白人の大学の寮に泊まって」いる。『異郷の道化師』という本に収録されている「汚れた土地にて」(『聲』二号　昭和三十四年七月)は、南部と黒人をめぐる小説である。

小島とおぼしき主人公の僕は、南部に行くにあたって車を買い替えている。売り物には古すぎるし、壊すには手間の方が大変だという程度の車だと説明するが、ベッドと台所がついている。これを駆って僕は南部を回るのである。

いわゆるキャンピングカーだが、こういう車を購入するのは、小島という作家が放つイメージとはかけ離れた行動力である。

ルイジアナ州の山村を、車で通り抜けて行く僕は、こう述懐する。

〈アメリカというよりは、まったく別の国といった趣があり、もしこれがアメリカだとすると、なにか不届きなことがおこっている。この連中は追っぱらってしまわないとぐあいがわるい。地面や樹木まで汚れてくる。この連中のいるところは、アメリカでなくなってしまう。そんなふうな感想が、困ったことだが黄色人種である僕が、いいたくなる。現に家をかくすように横付けになっている、高級自動車まで、何か汚れて見える。すると、汚れというものが、一種の恐怖心をひき出すものだ、と僕は運転しながら、思ったのである。ところが僕はそういう時、自分がダスティー（埃でよごれた）皮膚をしていたことを、次第に忘れかけていたことは事実である。〉（「汚れた土地にて」）

主人公の僕は、ハンドルにしがみつきながら、何度となく「神よ」と呟いている。「神よ、これはえらいことですわ」涙の出るような、息苦しいような、吹きしたくなるような「オカシミ」を感じている。

アイオワから何千哩と下ってきたこの土地で、僕は、黒人大学の教員だと名乗る男に、「君がこの地方にきたのは、われわれのことをさぐりにきたのだ、と思うが、どうか」と問い質される。すでに、リンカーンやリー将軍らの南北戦争からほぼ百年の時が経過しているのに、南部での会話は、重い。

「人種差別をどう思うか」

「悲しいことだと思う」

「いいか、君たちだって、われわれとおなじことだ。戦争前は勿論だが、今だって差別待遇されている」

「今度の戦争は罪悪だと思うか」

「思う」

「そうではない。あれは黄色人種だけでなく我々黒人の同胞をも解放したのだ」

と、僕と黒人教員との会話は、延々と続く。

このあたりの会話は、安岡章太郎の『アメリカ感情旅行』を凌ぐだろう。

主人公の僕は、電信柱にのぼっている作業服姿の白人の男女にこういわれる。

「君はレストランでもバスでも、僕らとおなじなんだよ」

「あなたは、カラードピープル、有色人種ではない。文化をもっている人種だ」と女がいった。

ベッドと台所つきの車をその敷地内に駐車することを許可してくれた黒人の男は、こういう。

「僕のワイフはね、君たち人種を怖っているんだ」(傍点原文)

「君たち人種」とは黄色人種である。何のために、黒人が黄色人種をこわがらなければならないのか。

「汚れた土地にて」は、小説だが、肌の色に関してめまいのするようなセリフが次々とあらわれる。

アメリカのことを書いた小島のわずかなエッセイに、こうある。

〈アメリカの黒人は、アメリカ人以外の何者でもない。おまけに白人そのものにも色々なカタチで、かなりのエイキョウを与えている、アメリカ人である。

ところが、正直なところ、私はアメリカで、黒人の中に住み、彼ら黒人がアメリカ人であることを感じる度に、意外なといった、時には、腹立たしい気持さえも抱いたことをおぼえている。そうしてこの感情を、持て余し、そのことについて、色々考えたものだ。（略）

アメリカ黒人は、差別待遇をなくするために、自然的に、また、意識的に、アメリカ人になりつつあり、もうすっかり白人と同じようなしつけを身につけたから、白人並みに扱ってくれと申し出る。そうすると、特に南部においては、はげしい抵抗にぶつかったりする。〉（小島信夫「米国の偉さと矛盾」『産経時事』昭和三十三年四月号）

そして、黒人と白人とが恒常的に衝突を繰り返すと、結局、色が黒いという天然の差別に戻ってしまうのではないか、と小島は考える。

〈その時すでに、黒人はあらゆる面でアメリカ人になっているだけに、自分はいったい何人であるのか、というはげしい羞恥と憤りを感じるのだと思う。〉（同）

黒人の女性に、「黄色人種が怖い」といわれるかと思うと、電信柱にのぼって作業をしている白人の男に、「君は僕らと同じなんだよ」といわれる。

屈折する感情を抱かざるを得ない。

〈黒人が、白人に対し、アメリカに対し、様々な感情の屈折をもって、もがいていると同時に、白人側も、それ以上屈折をもって黒人に対している。私はその、特に白人側の屈折を考え、多数の人の努力を考えると、何とか筋を通して行こうとするアメリカの偉さと、それから当然生じる矛盾をひしひしと感じた。その矛盾は時に爆発的な事件となって、あらわれたりするのだが。だから、黒人問題では、私はむしろ白人の苦しみの方を感じる。黒人は正々堂々と憤ることができる。ヒステリックにならざるを得ない白人の憤りに私は同情する。〉（同）

†小島のニューヨークでの感想は、「田舎じみて墓石となった寂しさがある」

南部から帰った小島は、フィラデルフィア郊外のクエーカー教徒の本山で〝霊感体験〟をし、ニューヨークに滞在した後、パリにわたり、出発からちょうど一年後の昭和三十三年四月に帰国する。

小島は、アメリカ全体から受けた印象を「寂しさ」と表現する。

〈私はアイオワの町にいる時、町を見て寂しさを感じた、といった。私はニューヨークへ着いた時も、おかしなことをいうようだが、おなじようなことを感じた。高層建築は聳えていても、ふしぎと田舎じみてみえる。高いなどとは少しも思わない。大陸の横に拡がる長さに較べれば、百五、六十階の建物など知れたものだ。そればかりではない、五重の塔のようなくりかえしや、重ねのうちには、樹木や、鳥を思わせるものがあるのに、これら高層建築には、墓石のような表情しかない。アイオワの町の家をとりまく寂しさは、アメリカの自然がとりまいて、陸地がつながるところでルール化し簡素にすることで生命の原型を保とうとしている寂しさだが、ニューヨークでは、自然に背を向けたつもりで、墓石となってしまった寂しさがある。〉(小島信夫「アメリカ画家の寂しさ」『芸術新潮』昭和三十三年九月号)

アメリカ留学から帰って七年後の昭和四十年七月、小島は『抱擁家族』を発表した。江藤淳は、朝日新聞の文芸時評の丸々一日分を使って『抱擁家族』を扱っている。

〈私は、それにしても小島信夫という人は恐るべき作家だと感嘆しないわけにはいかなかった。小島氏の作家的資質が並みはずれたものだということについてはすでに一部に定評がある。しかし、氏がその資質を小説的に生かし切ることができたのは、おそらくこの『抱擁家族』を嚆矢とする。〉(「朝日新聞」昭和四十年六月二十三日。当時の朝日新聞の文芸批評は大きなスペースをとり二日で一回分としている。計算してみれば、一回分が、四百字原稿用紙約十枚である。今とは較べようもない文芸への

厚遇ぶりだが、丸々一日分を一つの作品の批評に割くのは、当時としても異例のことである・註)

と、最大級の賛辞を与えている。

江藤がアメリカから帰国したのは、この時評を書いた前年の昭和三十九年だったが、昭和四十一年『成熟と喪失―〝母〟の崩壊―』の連載を開始する。

江藤の『成熟と喪失』は、アメリカ留学の成果を実らせたもので、精神分析学のエリク・H・エリクソンの『幼児期と社会』にヒントを得ている。田中和生氏は、『幼児期と社会』のほかに、エリクソンの『若きルター』の影響も江藤の文章に見ている。

妻を寝取ったGIのジョージを難詰した際、逆にジョージに、「責任? 誰に責任をかんじるのですか。僕は自分の両親と、国家に対して責任を感じているだけなんだ」と反撃されて、主人公の俊介は「ゴウ・バック・ホーム・ヤンキー。ゴウ・バック・ホーム・ヤンキー」と思わずわめく。

『抱擁家族』は、アメリカ留学から帰って、七年の年月を経過して書かれた作品である。

小島の場合、アメリカ体験は、ボクシングにおけるボディー・ブローのように、ずっと下腹部に効きつづけていたのかもしれない。

江藤の『成熟と喪失』は、安岡章太郎の『海辺の光景』、遠藤周作の『沈黙』、吉行淳之介の『星と月は天の穴』、庄野潤三の『夕べの雲』などを材料に、六〇年代日本文学の〝母〟の崩壊と〝父〟の不在を衝いたものだが、『抱擁家族』のために書かれた批評集だといっても過言でない。

†「ロックフェラー財団研究員とは、一体何だったのだろうか?」、これは後世の人が解くべき宿題である

昭和五十六年、『抱擁家族』の後日譚ともいうべき小島の『別れる理由』が、延々百五十回、一回の休載もなく十二年六ヵ月にわたって連載され、完結した。

『抱擁家族』と『別れる理由』との十六年の間に、江藤は再度、アメリカに留学している。

江藤は、昭和五十四年九月末から翌年の七月初めまで、江藤は再度、国際交流基金の派遣研究員としてワシントンDCのウッドロー・ウィルソンセンターに滞在した。この留学で、江藤は、〝一九四六年憲法の成り立ちと〝占領軍の検閲〟問題を集中的に追い、戦後日本の歪んだ言語空間の淵源を捜し出した。

二度目の留学から帰国した江藤は、小島の『別れる理由』の完結を待っていたかのように、『成熟と喪失』の続編とも言うべき長篇評論『自由と禁忌』を書きはじめる。

『自由と禁忌』でも、『別れる理由』に多くのページを割いている。

『別れる理由』が『抱擁家族』と同じく、アメリカに触れる部分を、それも国際政治や外交といったものではなく、小島個人に関わる部分で、持っていたからである。

江藤は、『別れる理由』を論ずるうち、小島も自分もロックフェラー財団から派遣された留学生だったことを、あらためて確認する。

そして、江藤は唐突にも、ギルパトリック氏というロックフェラー財団の役員のことを思い出す。

ギルパトリック氏は、福田恆存や中村光夫をはじめとして、ロックフェラー財団に招聘された文士たちの文章に出てくる人物である。

留学を目前に江藤夫妻は、ギルパトリック氏から帝国ホテルに呼び出される。

そこで昼食を一緒にということだろうと思ったところ、彼にこの番号に電話をかけてくれと江藤は頼まれる。

公衆電話からかけた電話の先は、赤坂山王脇の料亭「賀寿尾《かずお》」（長谷川一夫経営の賀寿老か・註）だった。昼食のためにそんな仰々しいところに行くなんてと少々中ッ腹になっていた江藤は、料亭の式台で器用に靴を脱ぐことができないでよろめくギルパトリック氏を、冷ややかに眺めていた。


〈「あら、ギルさん、いらっしゃい」

と、若い美人の女将が出てきて、大げさに嬌声をあげた。

「Nice to see you again.」

ギルさんは、大きな手を差し出して、嬉しそうに女将と握手した。

「この人、チョクチョク来るの？」

と、席に案内される途中で私は女中に訊いた。

「いいえ、たしかこれで二度目ですわ。でもゆうべも見えましたの、ご招待で」

なんだ、昨夜の今日か、と、私は憮然とした。そして、そんなめちゃくちゃな料理屋通いをする人間は、まともな日本人には一人もいないぞ、というようなことを、今更外国人にいってもしかたがない、と思っていた。〉（江藤淳「『向上』と『向上心』について」、『自由と禁忌』のなかの一章）

こう書いた後、江藤は自らに問う。

〈あのとき、私は、「向上」したいと望んでいたのだろうか？　それとも、こういうことやその他のことを堪え忍んでも、獲得すべきものがあるはずだと思っていたのだろうか？〉（同）

江藤が渡米したのは、安保騒動が終って二年後の昭和三十七年のことだった。たぶん、ギルパトリック氏に料亭に招待されたのも同じ年のことだったろう。いまだ「安保」の傷が癒えていないころである。

江藤が、「『向上』と『向上心』について」を書いたのは、昭和五十八年一月のことだから、二十年もの間、ギルパトリック氏のふるまいに感じた違和感の正体は何かと、その問いを心中に秘めていたことになる。

有吉佐和子と並んで二十代でロックフェラー財団留学生としてアメリカに行き、ニューヨークの街を「盛唐の都西安を行く留学生」のごとく胸を張って歩いた江藤にも、こうした屈託があった。

やはり、貧者日本は、富者アメリカに憐れみを乞う存在にすぎなかったのか。戦争に負け、占領されたことの結果とはこういうことだったのか。

ギルパトリック氏に植民地を統べる主のようなふるまいをみたとしても、こういったことは自らの「向上」と「向上心」のために、堪え忍ばなければならないことだったのだろうか？

江藤は、こういう。

〈いずれにしても、小島氏や私のような、あるいは安岡章太郎氏や庄野潤三氏や有吉佐和子氏のような、ロックフェラー財団研究員とは、いったい何だったのだろう？これらは後世の批評家や文学史家が、解き明かさなければならない一つの興味深い宿題である。〉（同・傍点引用者）

第九章

アメリカから帰った福田恆存は、「文化人」の「平和論」を果敢に攻撃した

†私の英語は「因数分解」の難問を解くような英語である

福田恆存は、文芸批評家であり、劇作家でもある。シェイクスピアの翻訳家でもある。当然、英語は得意のはずである。福田は、自らの英語について、こう語る。

〈誰にも知られず、一人で二十日間、未知のアメリカを旅するやうに旅程が組んである。言葉に不自由することは覺悟の上であつた。さういふと、誰も信じてはくれない、英文卒で、シェイクスピアを英語で讀んだことのある人間が、日常會話が出來ぬはずはないと誰しも思ふ。だが、私は英語は習つたが、その英語を恰も因數分解の難問を解くやうにして習つたのである。結構それで濟んでゐた、戰前の日本では外國人に出遭ふといふことがないからだ。そんなわけで、大抵の者が英語を耳でなく目で覺えた。だから未だに英會話が身に附かない。それは必ずしも私だけではない、當時の英語教育はそれで事たりた。〉(『福田恆存全集』第三巻「覺書三」)

〝因数分解〟的英語を駆使して、福田は、横浜を出た船の最終到着地であるサンフランシスコから、ロックフェラー財団が用意したガイドの手を振り払い、ロサンゼルス、グランドキャニオン、サンタフェ、タオス、ニューオーリンズを経てニューヨークまでの二十日間をひとり旅した。

昭和二十八年十月、ニューヨークのロックフェラー財団本部では、ファーズ博士が福田を待ちかまえていた。

坂西志保が推薦した文士招聘プログラムの第一号たる人物の到着とあって、福田は下にもおかぬもてなしをうけた。

ニューヨーク長期滞在中の宿はすでに決まっていた。ロックフェラー三世の秘書氏のニュージャージーにある瀟洒な一戸建ての一室があてがわれた。だが、環境は抜群であるものの、ニューヨークまで汽車で一時間半かかった。

ブロードウェイやグリニッチヴィレッジの芝居を見、はねてから食事をし帰路につくのはかなりの手間である。

福田は、ファーズ博士にニューヨーク住まいの必要性を力説した。

財団の手を離れるとなると、自力でアパートを探さなければならない。新聞広告を手がかりに、市内に、鰻の寝床のようなアパートを月九十ドルで借りることにした。

しかし、こうした福田の行動は、ずっとのち『福田恆存全集』が刊行されたとき（昭和六十二年）、各巻の巻末に掲載された「覚書」と題された文章を読んでいくうちに、明らかになることである。

福田には、留学中も帰国後も、紀行文めいたものを書く気はなかった。その理由を、こう説明する。

〈アメリカでは、まさか西洋文明紹介の看板で一生食ひつなぐなんて藝當はできません。早い話が、日本ではいまだに、外國にいつてくると「ヨーロッパ紀行」「アメリカ紀行」などといふ本を書いて、一二ケ月の生活費を捻出することができますが、アメリカではさうはいかない。ヨーロッパでなにか異常な冒険でもしてこないかぎり、まづ「ヨーロッパ紀行」なんて本をだしてくれる出版社は見つからないでせう。それが日本では可能なのです。だから「文化人」といふものが氾濫し、厖大な「文化人名簿」ができあがるといふわけです。〉(「平和論にたいする疑問」『中央公論』昭和二十九年十二月号)

二十代で留学した江藤淳の興奮にくらべて、不惑を過ぎていた福田は、冷静である。冷静であることの根本を突きつめていけば、そこに、「文化人」というものへの不信がある。

†福田は「アメリカは貧しいの一語につきる」といった

旅行記の類は書かないはずの福田だが、留学中のささいな体験はまめに結構な数のエッセイに仕立てあげている。

たとえば、「喧嘩を吹つかけられた話――私の見た西洋」(『文藝春秋』昭和二十九年十一月号)は、「一　アメリカの巻」、「二　イギリスの巻」、「三　フランスの巻」とあるように、トラブルに次々と巻き込まれるさまを書いたもので、その原因は、言葉がもうひとつ不自由なことにあった。

〈ロンドンで友達になった大使館の中山賀博（元駐仏大使・註）に日本に歸つて來て最初に會つたとき、彼は嬉しさうに笑ひながらいつた、「日本はいい國だね。日本語が通じるもの。」三島由紀夫が外國から歸つたとき、はじめて私に洩らした感想も、それと完全に同じものだつた。〉（同）

と、ある。

福田にとって、留学生生活で気になったものは、言葉についでは食べ物のことである。「味は二の次」、「アメリカの米の飯」、「ニュー・ヨークの焼豆腐」、「ニュー・ヨークの魚料理」、「イギリスの茶」、「ピカデリーのスコッツ」、「牛肉の品さだめ」などのタイトルで、『あまカラ』という雑誌に、食体験を十本余も書いている。

ほとんどが、アメリカの食生活を書いたもので、

〈もちろん、（略）アメリカにもうまい料理屋はある。だが、一般人の神經では、食物はカロリーとヴィタミンの代用品になつてゐる。それならまだいいが、このごろでは食は飢ゑをしのげばたりるといふ状態に立ちいたつてゐる。金持國で、生活水準が高くなると、萬事、さうなるのかもしれない。私のアメリカについての印象は、「まづしい」といふ一語につきる。享樂と必要とが分離してゐるといつてもいい。極端にいへば、家は雨露をしのぐねぐらであり、ベッドと便所だけあれば

いいのだ。(略)食物も同様だ。そして必要品は、ほんの必要の限度内に放置しておく。家庭料理など、うまからうはずはない。〉(「アメリカの貧しさ」『あまカラ』昭和三十年九月号)

と、いった調子である。

†「文化人」に会ってもつまらぬが、T・S・エリオットは別である

ロックフェラー財団研究員制度の成果として、福田の文筆で注目されるのは、帰国直後に書いた「平和論にたいする疑問」である。この一篇の評論で、福田は革新色が強かった当時の論壇を席巻するにいたるが、本業の批評家、翻訳家として、T・S・エリオット会見記を書いている。

福田は、渡米前に「カクテル・パーティ」、「一族再会」、「寺院の殺人」を訳していた。このエリオット会見記は、福田の文化人批判の根っ子が垣間見えて面白い。

〈西洋を歩きまはつて、なにがつまらぬといつて、著名な「文化人」に會ふことほどつまらぬことはありません。ことに詩人や文學者に會ふのはほとんど意味がない。そのことは日本で日本人が日本人の文學者に會ふばはひにもいへることですが、私たちが西洋へいつたとき、なほさらさう感じます。〉(「エリオット會見記」『學鐙』昭和三十年二月号)

と、前置きして、日本人の作家なり批評家が、西洋の作家や學者と会って、大いに談じ、大いに意気投合したという記事を目にすることがあるが、「そんなとき私はたいてい眉唾ものだとおもつて、てんから信用しなかつたものです」（同）という。

それは、ちょうど「藝者がなんとか大臣の席となんとか大将の席に出て手を握られたなんて話とあまり變りがないとおもつてゐました。兩方とも箔をつけたいといふさもしい根性から出たものにちがひないのです」（同）ともいう。

アメリカに行った当初、福田は、「ロックフェラー財団から金をもらつて出かけたので財団の示唆にしたがつて」、何人かの学者に会った。しかし、なんの成果もなく、「結果として自分の豫感が正しかつたことを確認」（同）したにすぎない。

この福田のいわゆる〝文化人・知識人嫌い〟は、のちの金嬉老事件を扱った戯曲『解つてたまるか！』に行きつく。

ただ、福田はロンドンに到着すると、エリオットには会おうとした。もちろん、作品の翻訳者だったからだが、会うべき理由を三つあげている。

理由の一として、福田が見知らぬ国の文学青年ではなく、訳者として、エリオットと利害という大人の世界では対等の地位を占めていることをあげる。いくらエリオットであっても、世界にその名前がとどろいていようとも、本業の詩文だけでは生活は楽でない。

福田が訳した「カクテル・パーティ」は日本で六万部も売れた。エリオットにとってこんなにも自分の本が売れたことはないだろうから、「私は上顧客である」と福田は考え、会ってもらう権利がある。

理由の二は、福田自身がエリオットの思想に親近感を持っていたからだ。「話してみたところで、私の英語ではそこまで會話が掘りさげられるとはおもひませんでしたが、とにかくどんな男か會つてみたいとおもつてゐました」。(同)

理由の三は、数年前、雑誌『群像』を通して、エリオットに公開質問状を出していたが、返事をもらっていなかったからだ。

エリオットは、入院していた。

新聞の消息欄によると、病状は芳しくないらしい。福田は、日本での彼の作品の訳者である旨を告げるカードとともに、ありきたりの花束では注意をひくことはないだろうからと思い、日本の病気見舞いの習慣には反するが、鉢植えのゴムの樹を送った。

それから数ヵ月の間、福田は、スコットランドやアイルランドを旅した。

ある朝、新聞を見ると、エリオットが退院したとの記事が出ていた。そこには、「エリオット氏は、自分の背丈ほどもあるゴムの樹をかかへて、チェルシーのアパートにひきあげた」とあった。

ゴムの樹が縁となって、福田は、結局エリオットに会うことができた。

「エリオット會見記」は、

〈私はいづれ日本に歸つたら手紙をさしあげる、書くはうが喋るよりもつと自分の考へを傳へられるから、さういひながら立ちあがると、エリオットは、「今度は御返事を書きます。記念に本をさしあげたい。」さういつて、書棚から「秘書」を一冊とりだし、署名してくれました。〉（同）

との場面でおわっている。

昭和二十九年七月、福田は、ロンドンを発ち帰国の途についた。

パリ、ランス、シャルトル、ベルリン、ミュンヘン、バイロイト、チューリッヒ、サン・モリッツ、ローマ、ヴァティカン、ミラノ、ヴェネツィア、ラヴェンナ、フィレンツェ、アッシジ、アテネ、イスタンブールなどを回って、九月、東京に着いた。

パリでは、モスクワを回って来た清水幾太郎に会っている。

福田は清水より五歳年下だが、清水とは親しくしていて、「昭和十九年（一九四四）三十三歳清水幾太郎の勧めにより坂西志保が主幹をしてゐた太平洋協會アメリカ研究室の研究員となる」（福田恆存「年譜」）とある。

福田は、このとき、初めて坂西に会った（福田恆存「坂西さんから教つた事」）。

仮に、清水が福田を坂西に紹介していなければ、福田は、ロックフェラー財団留学生に選抜されることはなかったかもしれないし、アメリカ体験をもとに帰国後、清水と対立する形の論文を発表して、一躍、論壇のスターダムにのし上がっていくこともなかったかもしれない。縁である。

パリでの清水との邂逅は、福田にとって大きな意味があった。

福田は、こういう。

〈私は歸國直前の昭和二十九年八月、パリで清水幾太郎氏に會つたが、その時私は「歸つたら平和論に疑問を呈するつもりだ、」さう笑ひながら氏に言つた。「笑ひながら」と言ふのは、相手が内灘問題の闘士だからである。彼は身を乗り出すやうにして私に賛成し、かう言つたのである、「一つ、それを二十世紀研究所の人達に話してくれないか、日本の平和論は少しをかしいからね。」いや、確かにこれはをかしい、當然、氏の反論を豫想してゐた私は、何か拍子抜けした思ひで、相手から視線をそらしたことを、今でもはつきり覺えてゐる。あるいは、氏は久しぶりに異國で會つた後輩に對して一種のなつかしさを感じ、必要以上に寛大になつてゐたのかもしれぬ、まさか、罠にはめてやらうといふ氣はなかつたらう。〉（『福田恆存全集』第三巻「覺書三」。二十世紀研究所について、福田は、「當時の清水氏は、岩波書店の一室を使つて『二十世紀研究所』の會合を催してゐた」と記している・註）

当時の清水と福田の論壇の位置関係について、竹内洋氏は、「論壇の横綱は清水で、福田よりはるかに格上だった」と書いている。（竹内洋『革新幻想の戦後史』）

†福田の「平和論にたいする疑問」に、反発の嵐

福田は、ちょうど一年間日本を留守にしたことになる。

一年前、小田切秀雄の「福田はアメリカを利用しよう思つてゐるが、逆に利用されるのが落ちだらう」との声に送られての旅立ちであった。

留学中、福田の日常は、ほかの文士たちに較べて比較的順調だった。多くの人が実感した〝人種差別〟にもほぼ無縁だった。〝因数分解〟的英語とはいうものの、普段の生活や旅行には不自由しなかった。

留学の〝成果〟はと問われれば、福田の場合、その答えは、帰国直後の旺盛な文筆活動にあった。昭和二十九年十一月から昭和三十年十月まで一年間の執筆活動を例にとってみれば、まさに流行作家並みの忙しさである（自筆「年譜」）。

それは、あたかも有吉佐和子が、ニューヨーク滞在中、アメリカ文壇の人々から「NOBODY」としての扱いを受け、「外国でNOBODYであった一年間に、私は日本で小説書きとして一生を送る計画を綿密に立てていたのであった。私の作家生活の基盤はこうして築かれていった」（前述）と書いたのと、同じ心理状態にあったためかもしれない。

福田は、アメリカに留学し、そしてヨーロッパを歩くうちに、その胸中に生じたものがあった。「四つの仕事」をしたいというのが、それである。福田の筆によれば、「四つの仕事」とは、

〈一つは「文化人」批判で、その手始めが「平和論にたいする疑問」である。一つはシェイクスピアの飜譯である。どれだけ譯せるかわからぬが、好きな作品を幾つでも譯してみよう、シェイクスピアの詩を國語の美しいリズムに乘せられればよい、と思つた。次に國語問題であり、最後は教育問題である。〉（『福田恆存全集』第三巻「覺書三」）

である。

たとえば、ロンドンで観た「ハムレット」の面白さに圧倒された。「當りまへのことかもしれぬが、臺詞も今の英國人が喋るやうに喋つてゐる。しかも弱強調のリズムに則つていて、實に手應へを得た、と思つた」（同）とある。

国語に関しても、「英語の方が日本語よりやさしいといふ人があるが、その眞僞は別として假にさうであつたとしても、私たちは親を自由に選べぬごとく自分の國語を自由に選ぶことは出來ない、日本に生れ育つことは私たちの宿命なのだ」（同）と書く。

教育については、「一歩ゆづつても、『民主主義』と『平和』とだけに、教育の原理を絞つてしまふわけにはいかぬはずです」（「教育・その現象」『新潮』昭和三十二年八月号）と考えた。

福田の言動は、こうして、本業の文芸や演劇のみならず、日米関係、江藤淳の『一九四六年憲法―その拘束』と対をなす「當用憲法論」などにみられるような果敢な発言となっていく。

当然、多くの異論に遭遇することになるが、帰国直後、まだ長旅の疲れが癒えぬ間に『中央公論』（昭和二十九年十二月号）に発表したのが、「平和論にたいする疑問」で、この論文は、あからさまな反発を食らった。

　福田は、

〈読んでもらへば分るだらうが、今日（昭和六十二年）の目からすれば至極當り前のことを言つたに過ぎない。だが、これが切掛けになり、私は「保守」であるばかりでなく、その下に「反動」の二文字を加へて、「保守反動」呼ばはりされ、論壇からいはゆる「村八分」の處遇を受けるに至つた。〉

（福田恆存全集」第三巻「覚書三」）

　と、当時のことを振り返っている。

「村八分」とは福田にとってある種のキーワードで、その容赦のないもの言いから後に何度も論壇から「村八分」同然の憂き目にあっている。

　江藤淳が、占領期と検閲の研究をきっかけに周囲から無視と否定の声がおこったころのことを、武藤康史氏との対談で「僕も生き埋めということはあったような気がする」（『海燕』平成七年九月号）と発言しているが、そうした江藤を含めて猪木正道、高坂正堯、渡部昇一、西義之といった保守派論客を、福田は、「問ひ質したき事ども」（『中央公論』昭和五十六年三月号）という公開日誌のなかで痛罵した。

当時大学三年生だった坪内祐三氏は、「福田さん、こんなことを書いてしまったらますます執筆の場が制限されて行くのではないかと、ハラハラしながらその公開日誌に目を通していた」(「生き方としての保守と主義としての保守——福田恆存と江藤淳」『諸君!平成十一年十月号』・傍点原文)と書いている。

†日本はアメリカの世話女房たれ

では、「平和論にたいする疑問」とは、どんな論文だったろうか。

一言でいえば、この論文は、親米とか反米とかの枠を超えている。

福田が親米か反米かといえば、間違いなく親米である。それも「絶対的親米」ではなく、国としての損得勘定を加味したうえでの「相対的親米」である。

「平和論にたいする疑問」は、欧米の情勢を研究しつくした国際論というより、欧米を見たことによる、日本の進歩的「文化人」批判である。

この論文を当時の国際情勢を理解するための材料として読もうとすると、分析の不足に落胆することになるだろう。

平和論とは普通名詞である。それが「平和論」とあたかも固有名詞であるが如く使われ、「平和論」といっただけで、右も左もある種の理解を示す。「平和論」とは、戦後の一時期を象徴する特別な言葉だったのである。

十年の後、福田は、ベトナム戦争と日本を論じて、「全面戦争とか人類の滅亡などといふ脅迫文句を止めにして、見ず知らずのアジア人の爲に、日本人の命が危險に曝されるのは眞平だと言へば良いのです」(「アメリカを孤立させるな」『文藝春秋』昭和四十年七月号)といって、世の良識派たちの神経を逆撫ででした。

この『アメリカを孤立させるな』のなかで、テレビの憲法討論会で会ったある護憲派知識人に、福田が、「もし自衛隊を廃止し、アメリカの基地も撤廃し、その時、万一、敵がせめて来たらどうなるか」と尋ねたときのことが書かれている。

と、その知識人は、「そんなことが、万一、起つたらゲリラで戦ふ」と答えた後、「いや、第一そんな時はアメリカが黙つて見てはゐませんよ」といった。

福田のそのときの感想である。

〈私はそれで萬事氷解した思ひを懐きました。知識人に限りません。政財界人にしても一般國民にしても、その中で尤もらしく反米的言辞を弄する人の心底には、この様に牢固として抜《ぬ》くべからざる對米依存心理が潜んでゐる。親米派の私など及びもつかない。私の親米はアメリカの世話女房になれといふほどの事ですが、彼等の反米はアメリカの妾になり、小遣は頂戴出来るだけ頂戴し思ふ存分わがままを言ひ、訪ねて來るのも月に一度位にして貰つて、その間に若い燕と大いに楽しまうといふ譯です。なるほど妾の方が正式の女房より片務的で中立的で、生産の義務から免れ消費の自由のみを享受出來ます。アジア・アフリカは固より、恐らくヨーロッパの國ゝもアメリカにさういふ關係を期待してゐるのでせう。「孤獨なるかな、アメリカ」と言ひたくなります。〉（同）

†「文化人」とは、古代ギリシャの巫女の如くである

ところで、「平和論にたいする疑問」は、四百字原稿用紙で四十数枚という短い原稿である。福田のいうように「至極當り前のこと」をいったに過ぎない。

〈外國から歸つてきた「文化人」に外國の話をきく、あるいは東京から來た「文化人」に自分の土地の印象をきく、これらはいづれもおなじ劣等感から出たものでありますが、私がいま言ひたいのは、そのことではありません。むしろ、それに應じる「文化人」の態度についてであります。耳をかすものがゐるから答へるのであり、またなんにでも答へられる用意をせざるをえないかもしれないが、よく考へてみると、ずいぶん滑稽なことではないでせうか。〉（「平和論にたいする疑問」）

〈だが、「文化人」はなんでもかんでも、あらゆることに原因や理由を指摘でき、意見を開陳できなければならないのでせうか。どうもさうらしい。いはゆる「文化人」と稱されてゐるひとたちは、無言のうちに日本中から押しよせてくるさまざまな問ひにたいして、古代ギリシャの巫女のやうに、

たえず身がまへし、足をすくはれないやうにしてゐなければならないらしい。〉（同）

〈「文化人」とにらまれたからにはしかたがない。なにか發言しなくてはならぬとしても、自分にとつてもつとも切實なことにだけ口をだすといふ習慣を身につけたらどうでせうか。〉（同）

こう福田は、当時のいわゆる「文化人」の特質をまとめてみせた。

しかし、この「文化人」の特質は、平成三十年の今日何ら変わっていないが、それはさて措くとして、福田は、平和を論じる「文化人」一般にこうした特質があるから、せっかく平和論を論じても、単に問題のための問題提起におわってしまう、と考えた。

「文化人」は、世間のあらゆる現象の間には一定の関係があるのを指摘するのが巧みで、関係さえみつければ、それで安心してしまう。それだけの人種ではないのか。

その関係をめぐる思考過程を、福田は次のように説明した。

たとえば、米軍基地と教育の問題。基地があるために、平穏な生活は失われ、風紀は乱れ、子供の教育に大きな影響をもたらし、ひいては世界平和の問題にもつながるというが、子供の教育と世界平和の間にどんな関係があるというのか、と福田は問いかける。

〈なるほど、基地における兒童教育問題の根柢には、日本の殖民地化といふ問題があります。またその問題の根柢には、安保條約といふものが控へてをります。さらに、安保條約の根柢には冷戰のうちに對峙する二つの世界があります。最後にこの問題の根柢には資本主義對共産主義といふ根本的な問題が横たはつてゐます。この問題ばかりでなく、すべての問題は、ちやうど屠蘇《とそ》の杯のやうに、小さな杯は順次大きな杯の上にのつかつてゐるのであります。そこで小さな杯を問題にするためには、それよりひとまはり大きな杯を問題にしなければかたづかない、それはさらにより大きな杯を問題にせねばをさまらない——さういふ論法が出てくるのです。もつともらしい話ですが、私にいはせれば、少々インチキです。〉(同)

なぜ少々インチキなのかといえば、基地の教育問題を「文化人」兼「平和論者」は声高に問題視するが、実際は、平和論を支える一本の柱として利用しているだけで、実際に解決しようなどとは思っていない。それどころか、「平和論者」は事態の悪化を期待している。

何故なら、それによって一番大きい屠蘇の杯の強化につながるからである。

福田は、日本で聞いた話とアメリカでの経験があまりに違っていたことを思い出す。

今(昭和二十八、九年・註)のアメリカ人は、戦争突入前の日本と同じで、喫茶店などで共産主義の話をすることすら恐れている。こちらからそんなことを話題にすると、相手はドキッとして、誰かがこの話を盗み聞きしてはいまいかと周囲を見回す、と福田は聞いていた。ところが、アメリカで実際に、福田が持ち前の大声で、「マッカーシーはけしからんだの、軍人はばかだの、大学教授に特高がついてゐるつてほんとか」などと問うと、相手は喜んで相槌を打った。

こんな話をすると、大抵の人は面白くない顔をする。「平和論者に限りません、インテリや學生は、きまつてふきげんになる」（同）。そして、今日のインテリの反米は、どうも感情的で観念的過ぎる、と福田はいう。

†平和論者への六つの疑問

福田は、「平和論にたいする疑問」を六つの疑問に整理して見せる。

疑問の一。平和論者は二つの世界の平和的共存を信じているらしいが、その根拠は何か。日本の国内、それもジャーナリズムの一部を見ていると、平和論がかなりの力をもっているようにいうが、世界的には何の力も持っていないではないか。

疑問の二。「平和か無か」ということになれば、共産主義か資本主義かという問題になる。平和論者は、平和共存を主張するのは共産国で、好戦的なのは資本主義国だといわんばかりだが、本当か。

疑問の三。平和論者は本当にイギリスを頼りにしているのか。インドに範を仰ごうとしているのか。スイスに羨望の目を向けているのか。

疑問の四。平和論者は、ソ連が世界の平和共存を信じ、かつそう努力していると信じているのか。「私はあるひとからかういふ話を聞きました。モスクワへいくと、たとへば公園のベンチに腰をかけてゐると、その邊の通行人が來て『平和！　平和！』といつて握手を求めるといふことです。」ヨーロッパでは、こんな話を聞くことは絶対ないが、この話をもって、ソ連国民がヨーロッパ市民より平和を強く念願していると断じられるのか。

疑問の五。インドのネールへの憧憬がわからない。平和論者は、本当にネールのような政治家を、日本の指導者として持ちたいのか。

五つほど箇条書きにして日本の「平和論」に疑問を呈してきた福田は、最後の疑問として、次のようにいう。

〈日本はアメリカと協力しては、なぜいけないのか。そのはつきりした回答を、私は平和論者からいただきたいのです。私はけつして意地わるくいびつてゐるのではありません。（略）いまのところアメリカと協力したはうがいいとおもつてゐます。（略）なんでもかんでも協力はいけない、それは殖民地化だといふのでせうか。日本の平和論の影響なしに、二つの世界の冷戦は現在小康を保てさうな気配にあります。すると、アメリカと協力してゐても、共存絶無といへないやうに、私にはおもはれる。〉

〈じつさいには、日本はアメリカと手を握つてゐる。平和論者はこれを斷たうとしてゐるわけですが、そのはうがよくて、しかも斷てない今日、毎日どうして暮したらいいのか。平和論は若い世代に大きな影響力をもつてゐるときききます。まさか、かれらが毎日「平和、平和」と氣勢をあげてゐるだけでいいわけでもありますまい。彼等に現代世界の構圖を圖示するだけでなく、最悪の事態にも應じられる人生観を示唆することも必要でせう。平和論水泡に歸す、あとのことは知らぬ、それではすみません。その點をどう考へてゐるのでせうか。〉

「平和論にたいする疑問」への反響は大きかった。

福田と清水幾太郎は、ほぼ同時期に、「留学」と「外遊」から帰国した。そして、当時の論壇の雄たる『中央公論』の同じ号に、福田恆存の「平和論にたいする疑問」(雑誌掲載時の題は「平和論の進め方についての疑問」)と清水幾太郎の「外から見た日本」とが掲載された。

しかも、当然そうあるべき巻頭から清水の論文がはずされ、福田がそのあとを襲ったこともあって、大きな反響があった。もちろん、当時の新聞、雑誌は反米、平和論に溢れていたから、福田批判が大勢を占めた。

というより、ほぼすべてが福田の論文を論難の対象としたといっていい。

「平和論にたいする疑問」への批評を集めた竹内洋氏は、その刺激的な部分を「外国で平和を楽しんで、すっかり日本の現実からズレてしまっとるらしい」(花田清輝)などを例として紹介した後、「活字でもこんな調子だから蔭口となったら大変なものだったろう」(『革新幻想の戦後史』)と推論している。

福田は、そうした批判というより論難に対して、すぐ反論を書いた。「ふたたび平和論者に送る」(『中央公論』昭和三十年二月号)である。今度の論文は、四百字原稿用紙で六十二枚、前作の約一・五倍である。

〈私が「中央公論」十二月號に書いた「平和論にたいする疑問」は、多くの進歩主義的「文化人」のあひだに憤激と軽蔑とを惹き起したらしい。雑誌や新聞にもたくさん反論が出ました。しかし平和論が商売になる現状に疑問を呈したたてまえからいつて、反平和論で飯を食ふことは、私のいさぎよしとするところではありません。ただ反響が大きかつた以上、もう一度だけ書くことにします。〉

福田は冷静である。

†福田はいう。「私たちが西洋という時、それはアメリカを指すのではないのか」

福田は、前作が話題を呼んだ理由は、「私が書いたからではない」、「いちばん大きな理由は「中央公論」の巻頭にのつたこと」(同)と分析している。

さらに、中央公論編集部にも苦言を呈している。

雑誌に載ったとき、編集部の意向で「平和論の進め方についての疑問」と、当初福田がつけたタイトル「平和論にたいする疑問」から変えられているからだ。(福田は、単行本、全集に収録するに

あたって、タイトルは元に戻している・註）

〈私は當時を想ひかへして「暗然」となる、今日の論壇もその頃と少しも變つてゐはしない。ところで「平和論にたいする疑問」の初出の題は、「平和論の進め方についての疑問」である。「中央公論」編輯長、嶋中鵬二氏の配慮によるもので、「平和論」に疑問を呈してゐるのではなく、その「進め方」が問題なのだと、事を穏便に濟せたかつたのであらう。さらに氏は、私の「疑問」を愚問と思ふ人もあるかもしれぬが「このやうな根本的な問題が、廣い場所で大きな聲で論じあはれる必要が大いにあると感じて、敢へて巻頭に掲げた」と編輯後記に書いてゐる。それほど「平和論」は大手を振つて論壇を罷り通つてゐたのである。〉（『福田恆存全集』第三巻「覺書三」・傍点は福田）

「ふたたび平和論者に送る」には、「五　清水さんの旅行記」のところで、清水幾太郎の「外から見た日本」への批判がある。

一般に、いわゆる随筆が陥りがちな弊は、「けし粒ほどの小さな材料を種として、とはうもない大きな結論を導きだすこと」にあり、その結果、「平和論が歌になつて論理が二義的」になることがある。昔なら論理的に緻密な頭脳を働かせていた清水は、今や「それですんでゐる平和論グループに甘えてゐる」のではないかと、福田の清水への見方は厳しい。

「ふたたび平和論者に送る」の結論を一言でいえば、こうではないだろうか。

〈平和攻勢はなにもいまにはじまつたことではないし、ソ聯だけのものではないのです。ペルリ以来、近代日本はアメリカの平和攻勢下に成長してきたのです。それは今度外国へいつてみてよくわかりました。ヨーロッパは、ほとんど日本にはひつてゐません。私たちが一口に西洋ではかうだといふとき、それはたいていアメリカのことだとおもつてまちがひありません。その意味で、日本の民衆を反米にすることのむづかしさを、反米論者は一度でも考へたことがありませうか。いや、その反米論者が、たいていアメリカ的西洋の教養を身につけてゐるといふ事實を自覺したことがありませうか。〉

この時期、福田はもう一本、大きな論文を書いている。『文藝』昭和三十年一月号から十号まで断続的に七回にわたって連載した「日本および日本人」である。

福田はこの論文で、イギリスの歴史家、ジョージ・サムソン（サムソンは、エリオットと並んで福田が留学中会いたかった数少ない人物である・註）を引きながら、いかに論理的に正しくとも、全体の調和を欠いたものに対しては、本能的に疑いを持つのが日本人であり、眼前にある西欧を追いつかなければならないものとして眺めるのは間違っている、と説いた。

〈どういふ道を歩むにせよ、自分の姿勢の美しさ、正しさといふことを大事にして、ものをいひ、ことをおこなふこと、そのかぎりにおいて、私たちは日本人としての美感に頼るしかないと信じてをります。〉（「日本および日本人」『文藝』昭和三十年十月号）

福田逸氏は、「日本および日本人」を「帰国直後の恆存の中にどこか帰朝報告といふ意識があったのだらう」（『父・福田恆存』）と評している。

帰国直後に立て続けに問題論文を発表している福田をみれば、福田個人にとってはロックフェラー財団による留学は大いに益があったといえるだろう。言論人としての活躍は、それこそ堰を切る勢いだった。

では、ロックフェラー財団から見た場合はどうか。

現実的あるいは相対的親米の立場から、日本の〝観念的〟で〝反米的〟な平和論に異議を申し立てていく姿に、福田が注文多くプライド高い扱いにくい留学生であったとしても、帰国後のその言動を満足と評す以外、言葉はなかったにちがいない。

第十章

改めて考える。ロックフェラー財団による文士のアメリカ留学とは何だったのか

†文士たちは、「向上」しようと願っていたのだろうか

江藤淳は、『自由と禁忌』のなかで、小島信夫の長編『別れる理由』を俎上にのせた。

〈間男をしていた男が、思いもかけず間男をされる立場になった。間男をすることにあれほどの「歓喜」があったのに、間男される側にまわると、なぜこれほどの苦痛と悲哀を味わなければならないだろうか?〉（江藤淳『自由と禁忌』）

『別れる理由』の基本主題は、「右の数行」に要約される、と江藤はいう。そして、

〈これがいわば、人倫の根本にかかわる主題であることはいうまでもない。即ち、時代を超越し、国境を超越しているという意味で、本質的に共時的である。

しかし、この共時的主題を展開しようとすれば、作者はどうしても『別れる理由』の世界に、もう一つの通時的展望を導入しなければならない。この展望の彼方から浮かび上ってくるのは、もと

より〝アメリカ〟以外のものではあり得ない。〉（同・傍点引用者）

といい、『別れる理由』から、

〈永造がアメリカから戻ったとき、アメリカの黒人なみの生活をしたいという気持が心の底にあった〉（第十九章）

との部分を引用している。

「アメリカから戻った」という以上、作家であり翻訳家でもある『別れる理由』の主人公・前田永造は、かつてアメリカに留学するという体験をしており、アメリカで暮らすうち、永造は、せめて「アメリカ黒人なみの生活をすべきだ」という結論に達し、それが彼に「向上」への意欲をかき立てさせていた、と江藤は論を進める。

評論集『自由と禁忌』のページをもう少し繰っていくと、突然思い出したかのように、江藤は、小島信夫の「年譜」を見る。

小島が「ロックフェラー財団研究員として渡米したのは、昭和三十二年（一九五七）四月、アメリカの日本占領が終了してからちょうど五年目」（同）だった。

そして、江藤自身もそのちょうど五年後、やはりロックフェラー財団の研究員（留学生）としてアメリカに出かけた。

〈小島氏とはちがって、私は家内を連れて行ったが、あのときわたしも永造と同じように「向上」しようと思っていたのだろうか。そのことについてはよく考えてみなければならない。〉（『自由と禁忌』）

作家・小島信夫がいて、『別れる理由』の主人公・前田永造が絡まり、江藤淳自身も顔をのぞかせ、錯綜する場面に、江藤はもう一人、ロックフェラー財団の役員ギルパトリック氏を登場させる。老舗料亭に二日続けて通うギルパトリック氏へ、「こんなめちゃくちゃな料理屋通いをする人間は、まともな日本人には一人もいないぞ」と、江藤が中っ腹になったシーンである。ここで、江藤は、既述のような厄介極まる質問をする。

もう一度、引用してみると、

〈あのとき、私は「向上」したいと願っていたのだろうか？　それとも、こういうことやその他のことを堪え忍んでも、獲得すべきものがあるはずだと思っていたのだろうか？

いずれにしても、小島氏や私のような、あるいは安岡章太郎氏や庄野潤三氏や有吉佐和子氏のような、ロックフェラー財団研究員とは、いったい何だったのだろうか？　これらは後世の批評家や

文学史家が、解き明さなければならない一つの興味深い宿題である。）（同）

この文章を江藤が書いたのは、昭和五十八年（一九八三）のことである。

†冷戦下、アメリカ留学が持った意味とは

以来、三十五年後の今日まで、何人もの研究者や批評家がこの江藤の問いに答えようとしたが、うまくいっていないように思われる。

一つは、「向上」という人間の欲得にからむ心理問題であること、さらには、冷戦と、自由陣営を強化しようという当時のアメリカの国策が、人間の欲得をアンパンの餡にみたてれば、その周囲を生地のようにして包んでいたがためである。

巨視的なうちに生身の人間の心理を探っていくことは、一筋縄ではいかない。

福田恆存、大岡昇平がロックフェラー財団研究員として、アメリカに渡ったのは昭和二十八年（一九五三）のことだった。

以降、石井桃子、中村光夫、阿川弘之、小島信夫、庄野潤三、有吉佐和子、安岡章太郎を経て、昭和三十七年（一九六二）の江藤淳までの十年間、ほぼ毎年一人、あわせて十人の文士たちがロックフェラー財団の招きでアメリカに渡った。

連合軍による日本占領が終ったのは昭和二十七年（一九五二）だったが、国際情勢は、この前後、大きく変化していた。

一九四九年、NATO調印、毛沢東による中華人民共和国の成立。一九五〇年、朝鮮戦争勃発。一九五一年、サンフランシスコ講和条約、日米安保条約の調印。一九五二年、警察予備隊が保安隊に改組。一九五三年、スターリン死亡、米でマッカーシー旋風、朝鮮戦争休戦協定。一九五四年、ビキニ水爆実験、自衛隊発足、SEATO調印。一九五五年、ワルシャワ条約調印。一九五六年、スエズ動乱、ハンガリー動乱、日ソ共同宣言。この間、核開発競争、人工衛星打ち上げ競争、さらに、インドシナ戦争、ベトナム戦争、ベルリン危機、キューバ危機が出来し、日本国内でも「平和論」が取りざたされ、「六〇年安保」へとつながっていく。

こうした変転きわまりない情勢のなかで企図されたのが、ロックフェラー財団研究員（文士留学制度であり、冷戦下、アメリカによる自由陣営強化のためのソフト・パワー戦略の一環であった。いわば、〝紙の弾丸〟（paper bullets）が、自由陣営のために、日本の文士たちに向けて放たれたのである。

となれば、江藤のいう「ロックフェラー財団研究員とは、いったい何だったろうか？」という質問は、真っ当過ぎるがゆえに答えを出すのに苦悶することになる。

大岡、庄野、安岡、江藤は、旅行記ないし滞在記をものした。阿川、有吉は、留学中の体験や調査をもとに小説を書いた。小島は、帰国後時間をおいたものの『抱擁家族』、『別れる理由』という、いわば、占領期と戦後のアメリカがどのように日本人に受容されたかを問う問題作を世に出した。石井は、着実に、アメリカの図書館の形態や児童文学の状況を調べた。帰国後、子供のための図書館「かつら文庫」を開設した。

ロックフェラー財団の招きでアメリカへ行った文士たちの何人かの間では、帰国後、横のつながりがあったらしく、阿川の子供たち（阿川尚之氏、阿川佐和子氏）は、石井の「かつら文庫」の常連だった（阿川尚之『アメリカが見つかりましたか　戦後編』）。

阿川は、福田の葬儀委員長をつとめた。

†では、江藤淳自身は、ロックフェラー財団招待による留学をどう認識していたのか

江藤は、「ロックフェラー財団研究員とは、いったい何だったのだろうか」という疑問を後世の批評家や文学史家に〝宿題〟として投げかけた。

福田は、ペルリ以来、近代日本はアメリカの平和攻勢下に成長してきた、と説き、平和攻勢はソ連の専売特許ではないといった。日本人が「一口に西洋ではかうだといふとき、それはたいていアメリカのことだ」と喝破した。

ロックフェラー財団は、文士たちをアメリカに招いた意図をあからさまに告知することはなかったが、福田は、その意図を直感していたようだ。

留学中の江藤には、

〈一九六二年の夏から一九六四年の夏までの満二年間、私は米国の大学で暮していたが、その間に、時折、「ああ、自分は帰るところがあるな」という、一種優しい感情を味わうことがあった。それは、たいてい、一仕事終って疲れをほぐしかけているようなときや、講義の準備が思うように進んで気持が昂揚しているようなときに湧きおこって、記憶の底から思いがけぬときによみがえる忘れていた言葉の一節のように、心をみたした。それは、懐しさというよりは安堵に似た、いわくいいがたい感情であった。〉（「古い米国と新しい日本」『日本』昭和四十年一月号）

が一方、江藤ほどロックフェラー財団による留学プログラムの持つ意味を尋ねようとした人はいなかった。それほどあの留学は、江藤にとって意味深いものだった。

となれば、江藤の〝宿題〟に答える人は、その問いを発した江藤自身がふさわしい。

江藤は、二度目の留学（昭和五十四年十月から昭和五十五年七月）で、首都ワシントンのウッドロー・ウィルソン研究所に赴き、そこで、占領期の検閲を調べあげ、検閲が、いかにその後の日本の言語空間を歪めているかに気づいた。

戦後の言語空間と検閲の問題に疑問を抱くまでのあいだ、江藤の胸中を占めていたのは、既述のように、

〈折にふれて私は、六〇年安保以後の自分は、六〇年安保の意味は何だったのか、米国での経験の意味は何だったのだろうかと、この二つのことだけを考えつづけて来たようなものだと思うことがあった。〉（「『文學界』との四半世紀」『文學界』昭和五十八年十月号）

江藤の最初のアメリカ留学の二年目は、ロックフェラー財団から支給される金によってではなく、教員としてプリンストン大学からの俸給で生活した。

学問への興味、学究生活への憧れは、もちろん、あった。

二年目もアメリカにとどまることにした理由を、江藤は、「ロックフェラー財団の金だけを貰って米国留学をしたのでは、自由にものがいえなくなるのではないかという、一抹の不安もなくはなかった」（同）と説明している。

これは、アメリカへ行った文士たちが濃淡はあっても、誰しも抱いていた不安であり、疑いであった。

アメリカは、つい数年前まで戦争した相手であり、日本を実質的に占領していた相手である。留学した日本の文士たちにとって、アメリカは通時的な過去として片づけられるような簡単な存在ではない。

江藤は、帰国後七年目の夏、ニューヨークのジャパンソサエティに招かれて講演をしている。

〈私がはじめて合衆国にまいりましたのは、ちょうど今から九年前、一九六二年の秋でありました。そのころ、いや、第二次大戦のさなかにすごした少年のころから、私は漠然と海外に学ぶ夢を追っていましたが、ついにその機会をあたえてくれたのはロックフェラー財団でした。（略）経験はたしかに人間を変えます。一九六四年夏にプリンストンを去るとき、私は自分がすでに、二年前にアメリカにやって来た自分と同じではないことを知っていました。なにが自分の内部でおこったのかよくわからないけれども、いつかなにかのかたちでこの貴重な経験を役立て、日本とアメリカの未来のために応分の力をつくすことができるかも知れない。そのときには、努力を惜しまず、両国間の真の理解を少しでも深めるようにしたい。なぜなら、それこそ多くのすぐれた日本の研究者に伍して、戦後アメリカに学ぶ機会にめぐまれた自分に課せられた義務であるから――私はそう考えていました。〉（「日本とアメリカ」『中央公論』昭和四十六年十二月号）

江藤は、二十三歳の時に、夏目漱石の留学について次のように書いている。

〈英国留学が漱石の一生に如何に大きな影響を及ぼしたか。（略）彼が作家になったのは、英国に行ったからだとまでいってもよいので、英国に留学しなかった漱石などというものは、偏屈な学校教師で一生を終えたかも知れないのだ。〉（江藤淳『夏目漱石』）

もし、留学しなかったならどうなっていたか。江藤自身にも思い当たるふしがあった。「十五年まえにアメリカに来ていなかったなら、現在のわたしとはかなり違った人間になっていたに違いない」(「ポトマックの早春」、『再びコモンセンス』所収)と江藤は考え、もしそうなら、「日米関係というものが自分にとって避けることのできない課題だと考えるようになっていなかったに違いない」(同)という。

江藤には、このニューヨークでの講演を引きうけるに際して、ある思いがあった。

〈七年前にプリンストンから帰って来るとき、敗戦意識の卑屈さにも、勝者の恩着せがましい尊大さにも毒されていない、真の日米関係の基礎をさぐりたいと、切実に希ったときのことが思いおこされた。〉(同)

†帰国後、江藤はどう変わったか?

江藤が書き遺した原稿を読んでいくと、福田が帰国した際、「四つの仕事」をしたいといったように、江藤も留学から帰ってきたとき、やはり、「四つのこと」をしたいと思っていた。

その一は、夏目漱石を新たな視点から書くこと(福田のシェイクスピアの翻訳と同様である)。

その二は、「敗戦意識の卑屈さにも、勝者の恩着せがましさにも毒されることなく」日米関係を考えてみること。

その三は、（私情あるいは私という）一族の歴史から入って、日本の歴史、歴史を作ってきたといわれる（公の）人々の人物像を再考すること。

その四は、日本の近代を見つめなおすこと。江藤は、プリンストン大学から戻ってきたとき、「私は、日本文学史のなかに、〝近代以前〟と〝近代以後〟とに通底する、地下水脈のようなものを探索してみたいという衝迫に、しきりに駆られていた」（『近代以前』）と書く。

すくなくとも、この四つの観点が、江藤のその後の文筆活動を支えた。

漱石論は、江藤は漱石を『漱石とその時代』という大きな観点からとらえ直している。

江藤は、あえて岩波版『漱石全集』というテクストからはなれた。その初出をすべて原文で確かめた。

つまり「新聞連載小説を、新聞でもう一回読みなおす」（江藤淳慶応義塾大学最終講義「SFCと漱石と私」）ことで、漱石の描写や技法が「いままで見えなかった形で私の目に次第に見えるようになって」（同）きた。

あとの三つの課題、日米関係論、歴史とその人物、近代論は、混然一体となって、江藤に押し寄せてきた。

プリンストンにいた時、フィラデルフィアでの東洋学会で江藤は論文を発表したことがあった。

江藤夫人が会場の好意的な空気を察して、人差し指と親指を丸めてOKサインを江藤に送った、あの講演である。この時、会場にいた吉川幸次郎は質問という形で江藤の〝援護射撃〟をしている。のちに、江藤が吉川に礼を述べると、吉川は、「なにわかっていたのですがね、西洋人が〝近代化〟と自分たちの専売特許みたいにいうのが面白くなかったものだから」（江藤淳「吉川幸次郎」昭和四十年十二月刊『新訂中国古典選』第二巻「月報」）といった。

吉川の言葉に江藤は大きく背中を押された。

帰国後の第一評論集とでもいうべき『成熟と喪失』のなかで、

〈この社会で「進歩」がほとんど無条件にプラスの価値と考えられているのは、「進歩」が「西洋」＝「近代」に対する接近の同義語だからである。もともと「父」を「恥じる」感覚の底に、「他人」の眼に対してという比較の衝動が潜んでいることはつけ加えるまでもない。ここでいう「他人」が西洋人であることはいうまでもないであろう。〉

といっている。

『成熟と喪失』は、まぎれもなくロックフェラー財団による留学の成果である。

江藤は、プリンストンでハワード・ヒベット教授との会話から精神病理学者のエリク・H・エリクソンを知った。

精神分析学者の小此木啓吾は、「江藤淳氏のアイデンティティ論、それに支えられた日本文学論もまた、氏の米国への留学体験ないし在米体験を原点にしているように思えてならないのであるが」(「成熟と喪失――〝母〟の崩壊――」『國文學』昭和五十年十一月号)といったうえで、

〈おそらく江藤淳氏は、われわれ精神分析専門領域の研究者を除けば、エリクソンのアイデンティティ論にふれ、文芸批評の領域で縦横にそれを駆使した唯一の文学者でなかろうか。〉(同)

と、『成熟と喪失』を高く評価している。

エリクソン、エドマンド・ウィルソンに加えて、江藤はプリンストンで、ジョージ・サムソンを再発見している。

江藤の著、『近代以前』は、『成熟と喪失』の直前に書かれたもので、留学の成果を世に問おうと勇んで書いた評論である。初出の表題は、「文学史に関するノート」であったが、世の評判は、散々であり(堀田善衛の批判など)、単行本として刊行する決心をするまで、江藤は約二十年の歳月を要した。

刊行後、『近代以前』は、江藤の代表作のひとつとなっている。

『近代以前』で、江藤は、サムソンに触れている。

〈私は、それら（サムソンの『日本文化小史』、『西方世界と日本』、『日本史』など・註）に接して、文字通り絶望的になった。サムソンの日本研究が見当違いなものだからでない。彼の日本理解があまりに深く、その史眼によって輪郭づけられた日本の歴史の姿が、あまりに鮮明なかたちを描いていたからである。〉（江藤淳『近代以前』）

歴史とは「本質的に人間という複雑な生きものの間の劇であること」（同）をサムソンの記述から知った江藤は、自らの「歴史」を問うべく『一族再会』を執筆する。

『一族再会』は、母を追慕し、山本権兵衛がその才を惜しんだ父方の祖父海軍中将軍務局長江頭安太郎、祖母、その父で海軍予備校を創設した古賀喜三郎、母方の祖父であり、江藤が文学的因子を受けついだ海軍少将宮地民三郎らを描いたものだが、その執筆意図を江藤は、

〈自分の内に在る歴史をたしかめようともせず、それを概念で分断するような不毛な作業にふけりながら、どうして日本人は今日の動きはじめた世界に積極的な役割を主張し得るだろうか。

私が『一族再会』で試みていることは、このような歴史の微細な一部分をたしかめようとする仕事である。（略）一族の死者を喚びあつめ、私のなかに流れる彼らの血を、つまり私の言葉の源泉を確認し、それを書きつけていく作業は、絶滅にささやかな意味をあたえ、私を日本の歴史につなげ、日本がようやく参画しかけている世界の流動する歴史につなげるであろう。〉（「歴史・その中の

死と永生」、『江藤淳著作集』続3所収）

と、書いている。

†日米関係における〝顕教〟と〝密教〟

国の運命を握る「政治的人間」の〝公的なもの〟は何に由来するのか、「政治的人間」は失敗を許されない、という観点から勝海舟を描いた『海舟余波』は、江藤にすれば、「やはり六〇年安保と渡米経験の所産」（「文學界」との四半世紀）だった。幕末の海舟の次は明治という時代を書かなければならない。

江藤は、日本海軍興隆期を生きた山本権兵衛を主人公に『海は甦える』を書いた。ロックフェラー財団による留学で、江藤は、たしかにアメリカの空気を吸った。帰国後、それは意欲的な仕事につながった。

しかし、幕末から明治を眺めるうち、江藤は、あるもどかしさを感じ始めた。日本の近代に関することである。

〈現在の日本の社会の特徴は、「過去」と「故郷」を無理やりに放棄させようとする急速な「近代化」

の強制を、強制と感じないで、単に「進歩」と感じているところにある。〉（前出「古い米国と新しい日本」・傍点原文）

日米関係にも、同様なもどかしさを感じていた。

〈私は、いつもあるもどかしさを感じながら、一人で考えて来たことを、懸命に人に伝えようとしていたのである。

そのうち、このもどかしさが、ある本質的な不自由さに感じられるようになりはじめた。つまり、六〇年安保以後、日本の言語空間を拘束してきた政治的黙契のかたちが、次第に目に見えるようになりはじめてからである。〉（「『文學界』との四半世紀」）

江藤の言論は、二度目のアメリカ留学をはさんで激しさをましていった。

のちに、いわゆる「占領三部作」と称されることになる江藤の著作がある。

まず、第一は、『忘れたことと忘れさせられたこと』である。

ここで、江藤は、戦後、論壇を席巻していた「無条件降伏」論を取り上げた。日本は「無条件降伏」などしておらず、敗戦と占領の真相を占領軍とともに覆い隠したのは、日本人そのものであり、日本のジャーナリズムであったと説いた。

二番目は、『一九四六年憲法—その拘束』である。現行憲法が占領軍によって起草されながら、徹底した連合軍の検閲によってその事実が覆い隠され、九条をはじめ憲法問題を正面から論ずることが〝タブー化〟していることを衝いた。

三番目が、『閉された言語空間　占領軍の検閲と戦後日本』である。占領下のアメリカ軍はなぜ周到な検閲制度を実行したか。その結果もたらされた言語空間の歪みはやむことなくずっと続いていていると断じた。

「占領三部作」は、革新陣営だけでなく、本来なら支持を与えてもおかしくない保守陣営からも論難された。右も左もみんな江藤の敵となった。

それは、江藤が、戦後の言語空間と日米関係を、〝顕教〟と〝密教〟という言葉をキーワードとして、解いて見せたからである。

アメリカは常に防衛負担の増大を要求し、歴代の保守党政権は緩やかなかたちでこれに応じ、一方、革新野党は、護憲を叫び続ける。江藤は、

〈実はこの構図は大衆消費用の見掛けの構図、いわば〝顕教〟の構図にほかならない。その裏側に成立している〝密教〟の世界では、保守は建前として改憲を掲げながら、現実には決して憲法問題を政治日程には上らせず、革新は非武装中立・護憲・安保破棄の旗を振りながら、実際には自衛隊の存在を黙認してきた。〉（「憲法と禁圧・再説」『毎日新聞』昭和五十五年九月十九日）

といい、〝顕教〟と〝密教〟という政治的黙契を語って、右にも左にも容赦なかった。この構図は、執筆後、四十年が経とうとしているのに、有効である。まさに、いまそこにある現実ではないか。

江藤は、天皇も積極的に書いた。

『昭和の宰相たち』（全四巻）と『天皇とその時代』の二作がそれである。

『昭和の宰相たち』は、宰相たちといいながら、四巻を経ても若槻礼次郎（第一次、第二次）、田中義一、浜口雄幸の四代を数えるのみで中断したが、江藤は、『昭和の宰相たち　Ⅰ』で、次のように書いた。

〈この連載を実際に開始するまで、私が十分に自覚していなかったことが、少くとも二つある。その一つは、〝昭和の宰相たち〟のすべてが、いずれも〝天皇の宰相たち〟にほかならないという事実である。

このことは、田中義一や若槻礼次郎や近衛文麿にとってもそうであったのと同じように、幣原喜重郎、吉田茂、佐藤栄作にとっても妥当するといわなければならない。つまり、憲法典の変更は、〝昭和の宰相たち〟が〝天皇の宰相たち〟にほかならないという、この基本的な政治的・文化的事実に、さしたる実質上の改変をもたらしているとは認め難いのである。

なぜなら、彼らはすべて、例外なく天皇という不動の光源から投じられる光を受けて、浮上し、

国運を担い、顚落し、消滅し、破滅して行くからである。（略）

もう一つの発見は、昭和という時代の歴史が、実は天皇が摂政の宣下を受けた大正十年（一九二一）を発端としているという事実である。この年ワシントン会議が招集され、日本は日英同盟の終焉とともに米国主導の多国間体制への適応を迫られて、いわばゲーム続行中に試合のルールが変ってしまったとでもいうような苦汁を味わわされたからである。〉

『天皇とその時代』は、昭和天皇崩御前後に書かれた。

〝天皇〟と表題にはあるものの〝昭和天皇〟へのいわばオマージュの書である。

ここでも、江藤は、

〈私は、かねがね昭和という時代が、一日も永く続くことを願いつづけて来た。しかし、それにも拘らず「昭和」が完結してしまった現在、先帝奉悼の文章を御在世中に書いた文章や対談と併せて、一本を編むことはなにがしかの意義があるに違いない。少くともこの本は、「昭和」という未曽有の一時代の終焉を記録し、後世に伝えるよすがになるだろうからである。〉（『天皇とその時代』）

といった。

本業である文芸批評の分野で、『漱石とその時代』（全五巻。第五巻は未完）、『自由と禁忌』、『昭和の文人たち』、『リアリズムの源流』、『漱石論集』などの優れた業績があるにもかかわらず、独自の日米関係論、あるいは、天皇論を繰りひろげたため、二回目のアメリカ留学後の江藤は、反米であり、保守反動であるとしばしば評された。

江藤は、平成十一年（一九九九）七月二十一日、前年亡くなった夫人を追うように、自裁した。『幼年時代』が絶筆となった。

この間、『日本よ、何処へ行くのか』、『保守とはなにか』、『国家とはなにか』などをものしているが、アメリカ留学と江藤という観点からすれば、西郷隆盛の思想と西南戦争の戦いを描いた『南洲残影』を忘れるわけにはいかない。

†「明治の一知識人」と『南洲残影』

江藤は、ロックフェラー財団によるアメリカ留学を終える直前の昭和三十九年四月、ハーヴァード大学に招かれ「明治の一知識人」という英語の講演をしている。

そこで、江藤は、夏目漱石の『こゝろ』をはじめて読んだのは中学生の時であったが、「その厳格な文体の美と全篇にみなぎる悲劇の感覚に深くうたれ」、以来少なくとも十回は読み、読み返すたびにはじめて巻を開くような感動を覚える、といった。いうまでもなく『こゝろ』は、乃木大将の殉死をあつかっているが、講演で江藤は、森鷗外の『興津弥五右衛門の遺書』もとりあげ、こういう。

〈敗戦後、内外の偶像破壊的な歴史家たちは、乃木大将殉死という英雄的事件を、散文的に解釈しようと努めている。乃木は、単に山県有朋のような狡猾な宮廷政治家に操縦されたにすぎず、日露戦争後の国民の頽廃に警告をあたえる格好の材料として、もっとも劇的な瞬間を選んで殉死させられたのだ、というごときものがそれであるが、私には承服しがたい。（略）

このような合理主義的解釈に安んじるかぎり、乃木大将夫妻の殉死の瞬間に日本人が感じた深い悲劇の感覚は、とらえがたいのである。私見によれば、悲劇の感覚を失った国民は、救いようもなく不幸な国民である。〉（傍点原文）

江藤、三十一歳の時の言い分である。

以降、『海舟余波―わが読史余滴―』、『海は甦える』、とあえていえば、「政治的人間」といういわば勝者の側の歴史を書いてきた。

『海舟余波―わが読史余滴―』で、江藤は、

〈海舟は結局一度も失敗しなかった。彼は西郷隆盛との談判によって江戸無血開城に成功し、その西郷が蹶起した西南戦争のときには、旧幕臣を統制して、一兵も叛軍に走らせなかった。〉

と書く。

さて、『南洲残影』は、平成六年（一九九四）十月号から平成十年一月号まで十回にわたって断続的に『文學界』に連載された。江藤淳、六十一歳から六十五歳までの間である。

それまで、約三十年間にわたって、勝者の歴史を書いてきた江藤がなぜ六十歳を過ぎて、ハーヴァード大学講演にある「悲劇の感覚」にもどったのか。

江藤は、いう。

〈明治維新当時、最大の指導者は誰かと考えると、やはり、西郷隆盛だろう。西郷は、明治維新が成就し維新政府が成立したときには、その役割はほぼ終っていたとも言えよう。廃藩置県、徴兵制や学制の施行など、近代国家日本にとって重要な施策は、岩倉遣外使節団が欧米を視察している間に、西郷が、留守部隊長としてつぎつぎと遂行したものだった。最後に、西郷は、その徴兵制で集められた百姓、町人の兵によって撃破されてしまう。（略）

近代における日本の指導者像の原型は、西郷のように倫理的な高さを求め、名利に超然とした人にあった。〉（「総理の国語力」『ＴＨＩＳ ＩＳ読売』平成七年十二月号）

西洋（近代）をよく知りながら、西南戦争で、あえて、西郷軍に身を投じた者たちがいた。

まず、飫肥《おび》隊の隊長小倉処平である。小倉は、二年間英国に学んだ。

佐土原隊の隊長、島津啓次郎は、藩主忠寛の妾腹の三男で、六年間アメリカに学び、アナポリス海軍兵学校を出ていた。

†村田新八と大久保利通と岩倉使節団

そして、村田新八がいた。村田は、桐野利秋らとともに、西郷を守り、最後の最後まで戦い自刃した人物である。

江藤は、村田新八に『南洲残影』で相当のページを割いて、その行動を詳述している。

村田は、岩倉使節団に加わり、米欧を回覧した。視察団の日程は一年九ヵ月余だったが、村田は三ヵ月遅れて帰国したから、優に二年間にわたって欧米各国の事情を視察してきている。

大久保利通自身が稀に見る秀才だったが、その大久保が、村田の人物識見を買っていた。

江藤は桶谷秀昭氏との対談、「滅亡について」で、村田について次のように語っている。

〈**江藤**　大久保は村田新八が西郷のもとに走る前には、伊藤博文ではなくて新八を初代の内閣総理大臣に擬していたかもしれないという気がこのごろはするくらいです。

桶谷　それは私もそんな気もします。〉（江藤淳　桶谷秀昭「滅亡について」『文學界』平成十年六月号）

村田は、身の丈六尺の偉丈夫だった。岩倉使節団一行がアメリカに到着したとき、同行の団員たちは、西欧近代を前に恥をかいてはならじと洋服や帽子を新調した。ところが、村田一人は、日本であつらえた洋服を着たまま平然として、ロンドンにもパリにもベルリンにも、時代遅れの〝和製洋服〟のまま行った。

江藤は、そういう村田の存在を大久保は深く脳裡に刻み込んだのではないかと推測している。そして、村田の心中を、

〈明治維新は、失敗であった。二年間の歳月をかけ、米欧を回覧して来て、自分にはそのことがよくわかった。西洋を知らない者が国粋主義者となり、西洋を実地に知っている者が開明派になるなどというのは俗見に過ぎない。自分は大久保と同じ汽車に乗り、同じ宿に泊り、同じ諸国を見て廻った。その結果大久保とは全く反対の結論に達したのであるから、これは西洋を知る知らないの問題ではない。いや、むしろ西洋をよく知っているからこそ、自分は到底大久保に同じ得ないのだ。〉

(『南洲残影』・傍点引用者)

とし、村田が官を辞して西郷軍に加わるために帰郷したとき、「大久保は、呆然自失しばらく魂の抜けたような表情を浮かべていた」とも書いた。

江藤が『南洲残影』のこの部分を記したのが、平成九年である。

翌年には、夫人が亡くなり、平成十一年には、江藤本人が「自ら処決して形骸を断ずる所以なり」との遺書を残して自裁した。

江藤を村田に比するつもりはない。

†「忘れ得ぬ他者」としてのアメリカ

三谷博氏は、歴史学の観点から、ステイティズム（国家主義）やナショナリズムあるところ、必ず「忘れ得ぬ他者」という現象が生ずるという。（三谷博『明治維新を考える』）

十九世紀の「ドイツ人」にとってのイギリス、同じ時代の「アメリカ人」にとってのイギリス、現代の「韓国人」や「中国人」にとっての日本、そして現在の「日本人」にとってのアメリカがそれであり、「自己」を主張するときには常に「忘れ得ぬ他者」の存在が引き合いに出される。そして、

〈「忘れ得ぬ他者」は、一般に愛憎並び向かう対象である。〉（同）

と説明する。

留学した江藤は、エドマンド・ウイルソンや、イギリス人であったがジョージ・サムソン、そしてエリク・H・エリクソンなどの著作に親しんだ。エリクソンの弟子で『ヒロシマを生き抜く』を

書いたロバート・J・リフトン氏のことを親友だといっている。リフトン氏に加えて極東の任地に行っているアメリカ人外交官、さらにマリウス・B・ジャンセン教授を「頭の鋭い友人で好きであった」と書いている。(『アメリカと私』)

プリンストンでの江藤を公私ともにもっとも支えたのは、『坂本龍馬と明治維新』の著者であるジャンセン教授だった。

東京でたった一度しか会ったことがなかったのに、親切にもプリンストンにアパートを借りておいてくれた。どこで見つけたのか中古のベッドまでアパートの部屋に運び込んでおいてくれた。

留学二年目の江藤をプリンストンの教員にすべく陰になり日向になり動いてくれたのも、ジャンセン教授であった。

ジャンセン教授の『坂本龍馬と明治維新』を、三谷氏は、評価する。数ある明治維新を扱った書のなかで「一冊を推薦せよと言われたら、ためらいなくジャンセンの本をあげるだろう」(『明治維新を考える』)という。

ジャンセン教授らの「近代化研究」を、アメリカの反共世界戦略に加担していると真っ向から否定したのが、『敗北を抱きしめて』の著者であるジョン・ダワー氏を中心とするベトナム反戦世代の学者たちだった。

〈彼らがその代わりに称えたのは、他ならぬハーバート・ノーマンの維新史であった。社会主義への共感ゆえにマッカーシズムの犠牲になったノーマンは反体制を掲げる彼らの偶像となった。彼らはこのイデオロギー闘争に勝利し、その結果、いまアメリカの大学に教職を得るには、あるいは学界で耳を傾けてもらうには、自分は近代化論者でないとまず宣言せねばならない〉（同）

江藤は、友人が少なかった。

少なかったなかで、終生のつきあいがあった吉本隆明とは、思想に共感したというより、吉本の詩を読んでいたからだったろう。

江藤はまた『昭和の文人』のなかで、転向者・中野重治の廉恥に感動している。

ジョン・ダワー氏については、「立場は私などとは正反対、むしろ急進派といってもいい人ですが、日本の〝進歩的文化人〟に往々にして見られるあるタイプとは全然ちがって、政治的意見の違いと人間的交際とをごちゃまぜにしないところが、本当に気持ちがよい」（江藤淳「〝養子〟吉田茂」、『ポケットのなかのポケット』所収）と、およそ想像するところのものとは正反対のことをいっている。

江藤にとって、ジャンセン教授は、人柄に魅かれるものを備えた人物である。英語をはじめとする、江藤自身の「向上」への恩人でもあった。

しかし一方、江藤は、昭和三十八年（一九六三）三月のフィラデルフィアでの学会で論文を発表した際、「近代化を自分たちの専売特許のように西洋人がいうのは面白くない」という吉川幸次郎の援護射撃を多とした。（前述）

理としては、近代化論を理解したが、小林秀雄の後継者としてのちに『近代以前』をものする江藤には、尊敬するジャンセン教授であっても全面的に同意することを躊躇するところがあったのではないか。

ジャンセン教授との密なつきあいのなかに、「忘れ得ぬ他者」現象が典型的にあらわれている。プリンストンに到着した日、江藤は、「ジャンセン教授はドナルド・ダックのような足をしている」（『アメリカと私』）と書き、ジャンセン夫人を「ちょっと象のダンボに似ている」（同）とユーモラスに描いた。

『アメリカと私』という青春の書に出てくるアメリカとアメリカ人は、江藤にとって間違いなく「愛憎並び向かう対象」であった。

〈あのとき、私は「向上」したいと願っていたのだろうか？（略）ロックフェラー財団研究員とはいったい何だったのだろうか？　これらは後世の批評家や文学史家が、解き明かさなければならない一つの興味深い宿題である。〉（傍点引用者）

という問いを発した『自由と禁忌』は、江藤が二度目の留学から帰った昭和五十八年（一九八三）一月に書かれた。

親米から反米的要素をも含んだ非米となり、日本に回帰しようとしていたこの時点の江藤には、この後世への宿題の答案は、すでに書き上げられようとしていた。冷戦期のアメリカの国家的戦略もロックフェラー財団の意図も十分にわかっていた上でのことである。

つまり、江藤は自らの「向上」と「向上心」と、「忘れ得ぬ他者」としてのアメリカを同時に認めることをこの時用意していたのである。

文士たちそれぞれに、アメリカ留学とは何であったかという「宿題」を投げかけ、一方で、壮大な無駄に終わったかに見えるロックフェラー財団による文士留学プログラムを一貫してバックアップし続けたのが、坂西志保であった。

その坂西は、昭和五十一年（一九七六）一月十四日に亡くなった。享年七十九であった。


†そして、ネコの太郎は、坂西の後を追った

坂西は、無類の猫好きだった。無類の犬好きだった江藤が、坂西を追悼している。

〈坂西さんは、人並はずれた知性と、見識と、強靭な人格を支えにして、くっきりとした個性の軌跡をのこしながら見事な人生を送られた、まことに立派な方だったと思います。この方がネコに囲まれてひっそりと亡くなられたことをきいて、なんと清々しく、またなんと明るく、えもいわれぬ芳しいご最期であったと思わずにはいられません。

坂西さんが一番可愛がっておられた十二歳になるネコの太郎は、没後十日ほど経って、後を追って死んだそうですね。
もうすぐ、暦のうえでは立春になります。
一本《ひともと》の薄紅梅に冴えかえる　虚子
坂西さんの生涯は、この句に詠まれた紅梅のようだったなアと思われてなりませんね。〉（「坂西志保さんのこと」）

あとがき「亜インテリとアメリカについて」

数ある外国のなかでも、アメリカほど、日本にとって関心の中心にあり続けている国はないだろう。

ヴェトナム戦争がアメリカの劣勢へ向かっていた昭和四十四年（一九六九）に、ナショナリズムをテーマに高坂正堯と江藤淳の対談があった。前年には日大紛争があり、「国際反戦デー」にあわせて十月二十一日には、過激派学生によって新宿駅が占拠されるという事件が起きていた。

〈**江藤**　いま十八歳から二十二、三歳までの青年というと、五人に一人は大学生、もうすぐ三人に一人、そのうち二人に一人ぐらいになっちゃうだろうが、この中で、教育の進歩ということを信じるとしても、使いものになるのは半分ぐらいじゃないか。あとの半分は亜インテリだ。亜インテリというのは、つまり素朴なる民衆の心情を持ちつつ、かつインテリのボキャブラリーを中途半端に使うことができる人間だ。これはとっても危険だと思う。こういうものは、必然的にナショナリズムになる。

高坂　亜インテリ特有のナショナリズムがありますね。これは学生運動なんかでもそうだし、反体制運動の場合もそうだ。江藤さんのおっしゃった一般民衆の心情というのは、そういう心情的ナショナリズムがあって、もう一方には本能的な異質の環境に対する恐怖心、警戒心、世の中がそううまくいかんと知っているわけだ。ところが、教育を受けたやつは、困ったことに、そううまくいかんということはなくなっている。半分理屈の世界にいて、自分の都合の悪いところは理屈でカバーして、自分のエゴイズムとか、一番妙なものだけが残ってしまう。〉（高坂正堯　江藤淳対談「よみがえるナショナリズム」『読売新聞』一九六九年九月二十二日・傍点引用者）

世代は違うが、まさしく私自身が亜インテリのひとりである。世の言論を見ていると、アメリカほど亜インテリ層の議論に晒されやすい国はない。一体、私たちはアメリカの何を見たうえで、日々、論じあっているのだろうか。

アメリカほど俗論を振り回すに、容易な対象はないのである。

明治初年、岩倉具視を正使に木戸孝允、大久保利通、伊藤博文らの米欧使節団は、一年九ヵ月余にわたって、アメリカとヨーロッパを視察した。

昭和期、三年八ヵ月に渡った戦争と、そして敗戦後の七年弱の連合軍による占領。あわせて十年余、ごく少数の人々を除いて、日本および日本人はいわば「鎖国」状態下にあった。

そんな時代に企図されたのが、昭和二十八年（一九五三）に始まったロックフェラー財団による文士（文学者）のアメリカ留学プログラムだった。背景には、激しくなってきた東西冷戦に対して、自由陣営の主たるアメリカの友を増そうとする戦略的背景があった。

米欧使節団とロックフェラー財団の留学制度は、もちろん、同日の談ではない。が、外国を体験するという点で、財団留学生に選ばれた福田恆存、大岡昇平、石井桃子、中村光夫、阿川弘之、小島信夫、庄野潤三、有吉佐和子、安岡章太郎、江藤淳の十人にとっては、中村のユネスコ招待、大岡、阿川、安岡の兵役を除けば、初めての外国体験であり、ことにアメリカには十人のうち誰もが行ったことがなかった。

すでに、第一線の文士として活躍していた彼らは、なぜロックフェラー財団の留学生に選抜されたのだろうか。アメリカで何を見、何を感じたのだろうか。帰国後、彼らの思想、信条はどう変わったか、あるいは、どう変わらなかったか。

戦中戦後の「鎖国」状態から、とまどいつつ出かけて行ったアメリカ留学で、彼らが得たものは何なのか。

人はそう簡単に変わるものでもないし、変われるものでもない。

しかし、文士であるだけに彼らは、何かと論議の対象となる現代のクールジャパン構想などの文化交流を考える点でも、貴重な体験を重ねたはずである。

望遠鏡で昔日を眺めるようにしてある種の謎解きを試みたのだが、謎解きにあたっては、平山周吉氏の「江藤淳は甦える」（『新潮45』連載、増補の上、単行本として来春刊行予定とか）や、韓国で日本の近現代文学を研究する金志映氏をはじめとする研究者の方々の論攷に多くの示唆を受けた。その鋭き感性と頭脳に心より敬意を表したい。

前著『江藤淳の言い分』に続いて、今回も早山隆邦氏のお世話となった。書籍工房早山からは、ベネディクト・アンダーソンの『想像の共同体　ナショナリズムの起源と流行』が刊行されている。この名著と並んで同社の刊行目録に拙著が掲載されるのは、名誉なことである。

文藝春秋で同僚だった装幀家坂田政則氏にあらためて感謝したい。

平成三十年九月

斎藤　禎

参考文献

阿川尚之『アメリカが見つかりましたか』戦後篇　都市出版　二〇〇一年
阿川尚之『憲法改正とは何か』新潮選書　二〇一六年
阿川弘之『阿川弘之自選作品』Ⅰ　新潮社　一九七七年
阿川弘之『阿川弘之自選作品』Ⅱ　新潮社　一九七七年
阿川弘之『阿川弘之自選作品』Ⅲ　新潮社　一九七七年
阿川弘之『魔の遺産』ＰＨＰ文庫　二〇〇二年
阿川弘之『阿川弘之全集』第三巻　新潮社　二〇〇七年
阿川弘之『南蛮阿呆列車』上　中公文庫　二〇一八年
阿川弘之編『昭和戦争文学全集』第十三巻　集英社　一九六五年

浅見雅男・岩井克己『皇室一五〇年史』ちくま新書　二〇一五年
有吉佐和子『有吉佐和子選集』第九巻　新潮社　一九七〇年
有吉佐和子『非色』角川文庫　一九六七年
有吉佐和子『新潮日本文学アルバム』71　新潮社　一九九五年
有吉佐和子『有吉佐和子の世界』（井上謙・半田美永・宮内淳子編）翰林書房　二〇〇四年
有吉佐和子『華岡青洲の妻』新潮文庫（改版）一九七〇年
石井桃子『児童文学の旅』（石井桃子コレクションⅣ）岩波現代文庫　二〇一五年
磯田光一『戦後史の空間』新潮選書　一九八三年
井筒俊彦『イスラーム生誕』中公文庫（改版）二〇〇三年
井上　亮『昭和天皇は何と戦っていたのか——実録で読む87年の生涯』小学館　二〇一六年
入江隆則『敗者の戦後』ちくま学芸文庫　二〇〇七年
浦田憲治『未完の平成文学史』早川書房　二〇一五年
江藤　淳『江藤淳著作集』全6巻　講談社　一九六七年
江藤　淳『江藤淳著作集』続全5巻　講談社　一九七三年
江藤　淳『江藤淳文学集成』全5巻　河出書房新社　一九八四—八五年
江藤　淳『全文芸時評』上下　新潮社　一九九九年
江藤　淳『漱石とその時代』全五部　新潮社　一九七〇年

江藤　淳『海は甦える』全五巻　文藝春秋　一九七六―八三年
江藤　淳『昭和の宰相たち』全Ⅳ巻　文藝春秋　一九八七―九〇年
江藤　淳『こもんせんす　正・続・続々・再び・再々』『パンダ印の煙草』『ワシントン風の便り』『ポケットのなかのポケット』北洋社　講談社　一九七五―七八年、一九八〇―八二年
江藤　淳『近代以前』文春学藝ライブラリー　二〇一三年
江藤　淳『自由と禁忌』河出書房新社　一九八四年
江藤　淳『忘れたことと忘れさせられたこと』文春文庫　一九九六年
江藤　淳『一九四六年年憲法―その拘束　他』文春文庫　一九九五年
江藤　淳『閉された言語空間　占領軍の検閲と戦後日本』文春文庫　一九九四年
江藤　淳『アメリカ再訪』文藝春秋　一九七二年
江藤　淳『批評家の気儘な散歩』新潮選書　一九七三年
江藤　淳『利と義と』ＴＢＳブリタニカ　一九八三年
江藤　淳『大きな空　小さい空　西御門雑記Ⅱ』文藝春秋　一九八五年
江藤　淳『日米戦争は終わっていない』ネスコ　一九八七年
江藤　淳『同時代への視線』ＰＨＰ　一九八七年
江藤　淳『昭和の文人』新潮文庫　二〇〇〇年
江藤　淳『リアリズムの源流』河出書房新社　一九八九年

江藤　淳『天皇とその時代』ＰＨＰ　一九八九年
江藤　淳『日本よ、何処へ行くのか』文藝春秋　一九九一年
江藤　淳『言葉と沈黙』文藝春秋　一九九二年
江藤　淳『人と心と言葉』文藝春秋　一九九五年
江藤　淳『国家とはなにか』文藝春秋　一九九七年
江藤　淳『保守とは何か』文藝春秋　一九九六年
江藤　淳『群像日本の作家』27　江藤淳　小学館　一九九七年
江藤　淳『南洲残影』文藝春秋　一九九八年
江藤　淳『南洲随想　その他』文藝春秋　一九九八年
江藤　淳『考えるよろこび』講談社文芸文庫　二〇一三年
江藤　淳　開高健『文人狼疾ス』文藝春秋　一九八一年
江藤　淳　蓮實重彦『オールド・ファッション』中公文庫　一九八八年
江藤淳編『占領史録』上下　講談社学術文庫　一九九五年
エドマンド・ウィルソン『愛国の血糊　南北戦争の記録とアメリカの精神』（中村紘一訳）研究社出版　一九八八年
エドマンド・ウィルソン『エドマンド・ウィルソン批評集』1（中村紘一・佐々木徹訳）みすず書房　二〇〇五年

エドマンド・ウィルソン『エドマンド・ウィルソン批評集』2（中村紘一・佐々木徹・若島正訳）みすず書房　二〇〇五年
大岡昇平『俘虜記』新潮文庫（改版）一九六七年
大岡昇平『レイテ戦記』上下　中公文庫　一九七四年
大岡昇平『ザルツブルクの小枝』中公文庫　一九七八年
大岡昇平『大岡昇平集』18　岩波書店　一九八四年
大岡昇平・埴谷雄高『二つの同時代史』岩波現代文庫　二〇〇九年
大塚英志『江藤淳と少女フェミニズム的戦後』ちくま学芸文庫　二〇〇四年
大原康男『お国のために』展転社　二〇一三年
大森義夫『日本のインテリジェンス機関』文春新書　二〇〇五年
桶谷秀昭『昭和精神史　戦後篇』文春文庫　二〇〇三年
尾崎真理子『ひみつの王国　評伝石井桃子』新潮文庫　二〇一八年
粕谷一希『作家が死ぬと時代が変わる――戦後日本と雑誌ジャーナリズム』日本経済新聞社　二〇〇六年
加藤典洋『アメリカの影』講談社文芸文庫　二〇〇九年
加藤典洋『戦後入門』ちくま新書　二〇一五年
加藤典洋『敗者の想像力』集英社新書　二〇一七年
柄谷行人『畏怖する人間』講談社文芸文庫　一九九〇年

柄谷行人『憲法の無意識』岩波新書　二〇一六年
久野　収　鶴見俊輔『現代日本の思想』岩波新書　一九五六年
久米邦武『米欧回覧実記』一～五　岩波文庫　一九七七年
小泉信三『ジョオジ五世と帝室論』文藝春秋　一九八九年
小島信夫『小島信夫全集』6　講談社　一九七一年
小島信夫『異郷の道化師』三笠書房　一九七〇年
小島信夫『抱擁家族』講談社文芸文庫　一九八八年
小島信夫『アメリカン・スクール』新潮文庫（改版）一九六七年
小島信夫『小島信夫批評集成』第1巻　水声社　二〇一一年
小島信夫『靴の話　眼――小島信夫家族小説集』講談社文芸文庫　二〇一五年
古関彰一『平和憲法の深層』ちくま新書　二〇一五年
小林秀雄『モオツァルト・無常という事』新潮文庫（改版）一九六一年
小林秀雄『作家の顔』新潮文庫（改版）一九六一年
小林秀雄『Xへの手紙・私小説論』新潮文庫（改版）一九六二年
小林秀雄『ドストエフスキイの生活』新潮文庫（改版）一九六四年
小林秀雄『本居宣長』上下　新潮文庫（改版）一九九二年
小林秀雄『考えるヒント』1・2・3・4　文春文庫　一九八〇年

小林秀雄『小林秀雄対話集』講談社文芸文庫　二〇〇五年
小林秀雄『学生との対話』新潮文庫　二〇一七年
小堀桂一郎『昭和天皇』ＰＨＰ新書　二〇一五年
小宮隆太郎『アメリカン・ライフ』岩波新書　一九六一年
古森義久『嵐に書く』講談社文庫　一九九〇年
小谷野敦『江藤淳と大江健三郎』筑摩書房　二〇一五年
三枝昂之『昭和短歌の精神史』角川ソフィア文庫　二〇一二年
佐伯啓思『「アメリカニズム」の終焉』中公文庫　二〇一四年
佐伯啓思『従属国家論　日米戦後史の欺瞞』ＰＨＰ新書　二〇一五年
斎藤元一『フルブライト留学一期生』文藝春秋　一九八四年
坂口安吾『坂口安吾全集』15　ちくま文庫　一九九一年
坂西志保『坂西志保さん』国際文化会館　一九七七年
坂本忠雄『文学の器』扶桑社　二〇〇九年
佐藤雅美『立身出世』文藝春秋　一九九七年
志賀直哉ほか『オキュパイドジャパン』（戦争と文学）集英社　二〇一二年
繁沢敦子『原爆と検閲』中公新書　二〇一〇年
時事通信社『時事通信社60年史』時事通信社　二〇〇六年

G・B・サンソム『西欧世界と日本』上下（金井圓・芳賀徹・多田実・平川祐弘訳）筑摩叢書　一九八五年
篠田英朗『集団的自衛権の思想史』風行社　二〇一六年
篠田英朗『ほんとうの憲法――戦後日本憲法学批判』ちくま新書　二〇一七年
柴崎信三『パトリ〈祖国〉の方へ』ウエッジ　二〇一三年
庄野潤三『庄野潤三全集』第十巻　講談社　一九七四年
庄野潤三『ガンビア滞在記』中公文庫　一九七五年
庄野潤三『山田さんの鈴虫』文春文庫　二〇〇七年
ジョン・ダワー『敗北を抱きしめて』上（三浦陽一・高杉忠明訳）岩波書店　二〇〇一年
杉山隆男『自衛隊が危ない』小学館101新書　二〇一四年
関川夏央『女流　林芙美子と有吉佐和子』集英社文庫　二〇〇九年
関　嘉彦『私と民主社会主義』日本図書刊行会　一九九八年
先崎彰容『未完の西郷隆盛』新潮選書　二〇一七年
高澤秀次『江藤淳　神話からの覚醒』筑摩書房　二〇〇一年
高澤秀次『戦後思想の「巨人」たち』筑摩選書　二〇一五年
田久保忠衛『戦略家ニクソン』中公新書　一九九六年
竹内　洋『革新幻想の戦後史』中央公論新社　二〇一一年
武田泰淳『政治家の文章』岩波新書　一九六〇年

田中和生『江藤淳』慶應義塾大学出版会　二〇〇一年
坪内祐三『後ろ向きで前へ進む』晶文社　二〇〇二年
坪内祐三『アメリカ　村上春樹と江藤淳』扶桑社　二〇〇七年
鶴見俊輔　加藤典洋　黒川創『日米交換船』新潮社　二〇〇六年
ディヴィト・ロックフェラー『ロックフェラー回顧録』（楡井浩一訳）新潮社　二〇〇七年
徳島高義『ささやかな証言――忘れえぬ作家たち』紅書房　二〇一〇年
富岡幸一郎『文芸評論集』アーツアンドクラフツ　二〇〇五年
中村光夫『筑摩現代文学大系』76　筑摩書房　一九七九年
夏目漱石『漱石全集』第九巻　岩波書店　一九六六年
夏目漱石『漱石全集』第十六巻　岩波書店　一九九五年
西　修『日本国憲法成立過程の研究』成文堂　二〇〇四年
西尾幹二『異なる悲劇　日本とドイツ』文藝春秋　一九九七年
西尾幹二『西尾幹二全集』第9巻　国書刊行会　二〇一四年
西部邁『六〇年安保　センチメンタルジャーニー』文春学藝ライブラリー　二〇一八年
野呂邦暢『失われた兵士たち』文春学藝ライブラリー　二〇一五年
芳賀　徹『文明としての徳川日本――一六〇三―一八五三』筑摩選書　二〇一七年
秦　郁彦『靖国神社の祭神たち』新潮選書　二〇一〇年

春名幹男『秘密のファイル　CIAの対日工作』上　共同通信社　二〇〇〇年
半藤一利『昭和史〈戦後篇〉――1945―1989』平凡社ライブラリー　二〇〇六年
半藤一利・竹内修司・保阪正康・松本健一『占領下日本』筑摩書房　二〇〇九年
半藤一利・保阪正康・井上亮『「東京裁判」を読む』日本経済新聞出版社　二〇一二年
坂野潤治『日本近代史』ちくま新書　二〇一二年
平川祐弘『西欧の衝撃と日本』講談社学術文庫　一九八五年
平川祐弘『平和の海と戦いの海』講談社学術文庫　一九九三年
平川祐弘『東の橘　西のオレンジ』文藝春秋　一九八一年
平山周吉『江藤淳は甦える』第一章～第三十章　新潮社『新潮45』
福田　逸『父・福田恆存』文藝春秋　二〇一七年
福田和也『江藤淳という人』新潮社　二〇〇〇年
福田恆存『福田恆存全集』第一巻～第八巻　文藝春秋　一九八七―八八年
福永文夫『日本占領史』1945―1952　岩波新書　二〇一四年
藤原正彦『若き数学者のアメリカ』新潮文庫　一九七七年
ベネディクト・アンダーソン『定本 想像の共同体』（白石隆・白石さや訳）書籍工房早山　二〇〇七年
ヘレン・ミアーズ『アメリカの鏡・日本』（伊藤延司訳）角川ソフィア文庫　二〇一五年
堀場清子『原爆　表現と検閲』朝日新聞社　一九九五年

松田　武『対米依存の起源　アメリカのソフト・パワー戦略』岩波現代全書　二〇一五年
丸山眞男『日本政治思想史研究』東京大学出版会　一九八三年
丸山眞男『日本の思想』岩波新書　一九六一年
丸山眞男『現代政治の思想と行動』未来社　一九五六年
三谷太一郎『日本の近代とは何であったか』岩波新書　二〇一七年
三谷　博『明治維新を考える』岩波現代文庫　二〇一二年
安岡章太郎『アメリカ感情旅行』岩波新書　一九六二年
安岡章太郎『僕の昭和史』新潮文庫　二〇〇五年
安岡章太郎『安岡章太郎集』10　岩波書店　一九八八年
安岡章太郎・阿川弘之・庄野潤三・遠藤周作『私の履歴書　第三の新人』日経ビジネス人文庫　二〇〇七年
山崎行太郎『保守論壇亡国論』K&Kプレス　二〇一三年
山田宗睦『危険な思想家』光文社　一九六五年
山本武利『GHQの検閲・諜報・宣伝工作』岩波現代全書　二〇一三年
吉田　裕・瀬畑　源・河西秀哉編『平成の天皇制とは何か』岩波書店　二〇一七年
吉本隆明『共同幻想論』角川ソフィア文庫　一九八二年
吉本隆明『柳田国男論・丸山眞男論』ちくま学芸文庫　二〇〇一年
吉本隆明　江藤淳『文学と非文学の倫理』中央公論新社　二〇一一年

老　子『老子』蜂谷邦夫訳注　岩波文庫　二〇〇八年
ロバート・J・リフトン『ヒロシマを生き抜く』上下　岩波現代文庫　二〇〇九年
渡辺利夫『決定版　脱亜論』育鵬社　二〇一八年
渡辺　浩『日本政治思想史』東京大学出版会　二〇一〇年

参考論文

梅森直之　ロックフェラー財団と文学者たち―冷戦下における日米文化交流の諸相　「インテリジェンス」March　二〇一四年
金　志映〈冷戦〉の磁場と「アメリカ」―冷戦期における大岡昇平の軌跡と『レイテ戦記』　同時代史学会　News Letter　第17号　二〇一〇年
金　志映　阿川弘之における原爆の主題と「アメリカ」　比較文学研究　第98号　二〇一三年
金　志映　ポスト講和期の日米文化交流と文学空間―ロックフェラー財団創作フェローシップ（Creative Fellowship）を視座に　東京大学アメリカ太平洋研究　第15号　二〇一五年

佐々木豊　ロックフェラー財団と太平洋問題調査会―冷戦初期の巨大財団と民間研究団体の協力／緊張関係―　アメリカ研究37号　二〇〇三年
塩谷昌弘　江藤淳「一族再会・第二部」とその周辺　近代文学資料研究第二号　二〇一七年
鈴木紀子　冷戦期の「文学大使」たち―戦後日米のナショナル・アイデンティティ形成における米文学の機能と文化的受容―　人間生活文化研究No. 23　二〇一三年
田中　アトキンス、緑　日本戦後文学の中の他者としての異文化、言語と女性像：小島信夫作品を通じて　比較日本学教育研究センター研究年報第12号　二〇一六年
田中　泉　半世紀間における日系アメリカ人社会の変容―阿川弘之著『カリフォルニヤ』に見る日系アメリカ人像との比較―　広島経済大学研究論集第30巻第1・2号　二〇〇七年
花崎育代　大岡昇平手稿「俘虜記」の考察―僚友・「私のプライド」・俘虜の〈恥〉―　「論究日本文學」第96号　二〇一二年
山田潤治　江藤淳の留学とエドマンド・ウィルソン―戦後歴史叙述についての比較文学的考察―　大正大學研究紀要第九十六輯　二〇一一年
山本昭宏　占領下における被爆体験の「語り」―阿川弘之「年年歳歳」「八月六日」と大田洋子『屍の街』を手がかりに―　「原爆文学研究」Vol10　二〇一一年
横山　學　太平洋戦争開戦時の坂西志保と日本送還　生活文化研究所年報第二十輯　二〇〇七年

斎藤　禎（さいとう ただし）

元編集者

早稲田スポーツOB倶楽部顧問

昭和18年（1943）満洲三江省に生れる。
昭和42年（1967）早大一文卒。同年、文藝春秋入社。
常務取締役等を経て、
平成19年（2007）日本経済新聞出版社入社。
代表取締役会長等を経て、
平成24年（2012）同社を退社。

著書　『レフチェンコは証言する（週刊文春編）』文藝春秋刊
『江藤淳の言い分』書籍工房早山刊

文士《ぶんし》たちのアメリカ留学《りゅうがく》　一九五三―一九六三

二〇一八年十二月十三日　初版第一刷発行

著者　**斎藤　禎**

発行者　**早山　隆邦**

発行所　**㈲書籍工房早山**

〒一〇一―〇〇二五　東京都千代田区神田
佐久間町二―三　井上ビル六〇二号
電話　〇三―五八三五―〇二五五
FAX　〇三―五八三五―〇二五六
振替　〇〇一〇〇―四―六一〇八五三

印刷・製本　株式会社　明光社印刷所

ISBN 978-4-904701-54-6 C0095

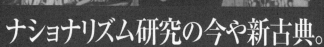

北の思想

一神教と日本人

富岡幸一郎

書籍工房早山
定価（本体二〇〇〇円＋税）

我国の
批評・思想の言論は
「温暖化」している。

多様性礼賛、相対主義
の無前提な受容……。
これに抗して私は北の
思想を対峙させたい、
超越的なものを見つめ
る一神教の言葉を。
（「はじめに」より）

松本健一

増補 出口王仁三郎

屹立する最後の革命的カリスマ

革命的カリスマは日本に今後出るか?

記憶の王昭和天皇が、決して公には口にしなかった思想家は、北一輝、三島由紀夫、出口王仁三郎だ！出口を日本＝原理主義革命カリスマと看破した初版（1986年）に新稿を付す待望の増補版。

書籍工房早山　定価（本体1600円＋税）